FALAS NEGRAS

org. Margareth Cordeiro Santana

Copyright © 2022 by Editora Letramento

Diretor Editorial | **Gustavo Abreu**
Diretor Administrativo | **Júnior Gaudereto**
Diretor Financeiro | **Cláudio Macedo**
Logística | **Vinícius Santiago**
Comunicação e Marketing | **Giulia Staar**
Assistente de Marketing | **Carol Pires**
Assistente Editorial | **Matteos Moreno e Sarah Júlia Guerra**
Designer Editorial | **Gustavo Zeferino e Luís Otávio Ferreira**
Capa | **Alexandre Rampazo**

Todos os direitos reservados. Não é permitida a reprodução desta obra sem aprovação do Grupo Editorial Letramento.

Dados Internacionais de Catalogação na Publicação (CIP) de acordo com ISBD

F177	Falas Negras / Bernardina Sena ... [et al.] ; organizado por Margareth Cordeiro Santana. - Belo Horizonte, MG : Casa do Direito, 2022. 204 p. ; 15,5cm x 22,5cm. ISBN: 978-65-5932-258-9 1. Racismo. I. Sena, Bernardina. II. Cordeiro, Camila. III. Coelho, Christian. IV. Cezário, Cida. V. Henrique, Claudio. VI. Evaristo, Conceição Cuti. VII. Moreira, Diva. VIII. Pereira, Edimilson de Almeida. IX. Guimarães, Edward. X. Passos, Evandro. XI. Renegado, Flávio. XII. Guimarães, Geni. XIII. Tizumba, Júlia. XIV. Oliveira, Kiusam de. XV. Evaristo, Macaé. XVI. Costa, Madu. XVII. Kidoialê, Makota Cassia. XVIII. Cardoso, Marcos Antonio. XIX. Santana, Margareth Cordeiro. XX. Borges, Maria Célia Nunes. XXI. Paulo, Maria da Conceição. XXII. Martins, Maria da Conceição Silva. XXIII. Siqueira, Maria de Lourdes. XXIV. Rodrigues, Maria Mazarello. XXV. Alfredo, Olegário. XXVI. Kelly, Samanta. XXVII. Poline, Tábata. XXVIII. Título. CDD 305.8 CDU 323.14
2022-3617	

Elaborado por Vagner Rodolfo da Silva - CRB-8/9410

Índice para catálogo sistemático:
1. Racismo 305.8
2. Racismo 323.14

Rua Magnólia, 1086 | Bairro Caiçara
Belo Horizonte, Minas Gerais | CEP 30770-020
Telefone 31 3327-5771

editoraletramento.com.br • contato@editoraletramento.com.br • editoracasadodireito.com

Para Maria Mazarello Rodrigues, pelos seus 80 anos de vida, símbolo de luta, resistência e representatividade a cultura afro-brasileira. Vida longa à ela e a sua trajetória, com muito Axé!

Gratidão pela generosidade e pela importância da fala de cada convidado, em especial a Maria de Lourdes Siqueira, Geni Guimarães, Conceição Evaristo, Makota Cássia Kidoialê, Bernadina Sena e Maria da Conceição Paulo.

11 **APRESENTAÇÃO**
Edward Guimarães

15 **RACISMO ESTRUTURAL**
Maria de Lourdes Siqueira

25 **MINHA LOUVAÇÃO À MARIA MAZZARELO RODRIGUES**
Maria de Lourdes Siqueira

27 **RACISMO ESTRUTURAL**
Geni Guimarães

28 **PARDA? EU?**
Madu Costa

31 **RACISMO ESTRUTURAL E NECROPOLITICA**
Marcos Antonio Cardoso

35 **ENTREVISTA EDIMILSON DE ALMEIDA PEREIRA POR MÁRCIA MARIA CRUZ — 21 DE FEVEREIRO DE 2020**
Edimilson de Almeida Pereira

42 **A CASA EDITORIAL**
Edimilson de Almeida Pereira

43 **SOBRE RACISMO ESTRUTURAL**
Maria Mazarello Rodrigues

44 **RACISMO ESTRUTURAL**
Conceição Evaristo

45 **O PENSAR: COMPORTAMENTOS COLONIALISTAS OBSERVADOS A PARTIR DA MEMÓRIA ANCESTRAL KILOMBOLA**
Makota Cassia Kidoialê

53 **OLHA O NEGÃO, AÍ!!!**
Maria Célia Nunes Borges

56 **SEGREGACIONISMO X RACISMO ESTRUTURAL**
Evandro Passos

62 **RADICAL I**
Cuti

64 **NEGÃO NEGRA**
Flávio Renegado

65 **FALA DE UMA ATIVISTA**
Diva Moreira

69 **RELATO DE UMA ENFERMEIRA**
Maria da Conceição Silva Martins

71 **PORQUE EU SOU 'AMARROM"?**
Camila Cordeiro

72 **3 TROVAS SOBRE RACISMO**
Olegário Alfredo

73 **DIVERSOS**
Margareth Santana

157	**O SIM AOS MEUS PROJETOS LITERÁRIOS**	
	Kiusam de Oliveira	
159	**EU NUNCA SENTI ISSO NA PELE, ATÉ....**	
	Claudio Henrique	
175	**UMA CABELEREIRA TRANCISTA E CAPOERISTA**	
	Samanta Kelly	
176	**DO QUE TEMOS MEDO?**	
	Macaé Evaristo	
179	**SUSPIROS**	
	Tábata Poline	
184	**A POESIA ARMADA DO COLETIVO NEGRAS AUTORAS**	
	Júlia Tizumba	
194	**SENINHA, UMA MENINA DE SINHÁ**	
	Bernardina Sena	
198	**PRETINHA, UMA MENINA DE SINHÁ**	
	Maria da Conceição Paulo	
201	**RACISMO ESTRUTURAL**	
	Cida Cezário	
202	**NO FIM**	
	Christian Coelho	

"Não precisa ser negro para lutar contra o racismo. Só precisa ser humano".

"Na luta antirracista, todos temos lugar, mas o protagonismo é de quem sofre o preconceito na pele."

APRESENTAÇÃO

Edward Guimarães

> "Ninguém nasce odiando outra pessoa pela cor de sua pele, por sua origem, ou sua religião. Para odiar, as pessoas precisam aprender, e se elas aprendem a odiar, podem ser ensinadas a amar, pois o amor chega mais naturalmente ao coração humano do que o seu oposto. A bondade humana é uma chama que pode ser oculta, jamais extinta."

Nelson Mandela

Fiquei oceanicamente feliz com este importante convite: apresentar o livro *Falas negras*. Se não sou negro na aparência física, acreditem, sou decididamente negro por dentro por duas razões. Primeiro, por ser herdeiro de um legado histórico marcado pela força da rebeldia teimosa, legado assimilado e atualizado nas lutas decisivas de hoje, nas resistências vividas e nas utopias compartilhadas. A admiração e a solidariedade fraternas me fazem, como cidadão e educador, andar de braços dados, me irmanar e participar, ativamente, da construção de outra sociedade possível e necessária, sem pessoas excluídas e sem racismos impunes. Segundo, por ter uma filha negra, a bela Maria Fernanda, que em seus seis anos de vida já tem experimentado o desafio de ser negra nesta sociedade ainda tão patriarcal e racista, eu me empretei de amor completamente. Sou um admirador das culturas e das identidades africanas, sou também militante e ardente defensor da igual dignidade humana e, por isso, parceiro nas lutas diversas de libertação contra todas as formas de opressão e de exclusão.

Como Mandela, acredito que não nascemos para agredir, discriminar ou odiar, mas para aprender a amar. O amor é a força mais poderosa da vida humana; o amor é a nossa maior fonte de realização e é por amor que acreditamos na educação como caminho para a construção do novo e que lutamos por outra sociedade, fundada no pacto coletivo pela justiça, pela democracia e no cuidado com a dignidade da vida.

Falas Negras emerge primeiramente como um marco simbólico celebrativo de uma caminhada. É um livro composto, de certa forma, no ritmo dos tambores da memória, do enfrentamento dos desafios e urgências de nosso tempo, da ginga da amizade construída na caminhada e com os sabores, da alegria e do amor, compartilhados ao longo dos 80 anos de vida de Maria Mazarello Rodrigues, a nossa matriaca *Mazza*, bem como pelos primeiros 40 anos de atividades de nossa *Mazza Edições*.

Falas Negras, no entanto, é bem mais que uma publicação de homenagens. Trata-se de uma verdadeira fonte de saberes ancestrais em amálgama com saberes recentes, todos comprometidos com o mesmo ideal: demonstrar a nossa ignomínia diante de todo e qualquer racismo e promover o movimento solidário e contagiante das mãos que se unem para combatê-lo em todas as suas manifestações. Desde o sofrimento das senzalas, de ontem e de hoje, até a dor da indignação nossa de cada dia, diante do atual racismo estrutural, tantas vezes disfarçado ou invisibilizado pela hipocrisia social, estes são saberes forjados no compromisso ético de resistência e de defesa da dignidade da vida de cada pessoa humana. São saberes que se assumem unidos pela arte da tecitura coletiva de um tempo novo, no qual a vida será enfim o nosso bem maior.

Em linguagem religiosa, eu diria que *Falas Negras* concretiza uma gira de profecias, todas elas grávidas, daquela outra sociedade possível e necessária. Uma sociedade bem diferente, na qual o patriarcalismo, o colonialismo e o capitalismo perderão a força motriz e deixarão de ser as fontes primárias das ideologias e mentalidades dominantes. Na sociedade do futuro, que todos estamos comprometidos a construir, homens e mulheres – crianças, adolescentes, jovens, adultos e velhos – de todas as etnias, culturas e crenças, partilharão a consciência de pertencerem, cada um na sua singularidade, à mesma e única humanidade. E, juntos, como os elos de uma corrente, na mesma esteira de Jesus de Nazaré, Zumbi, Dandara , Tereza de Benguela, Antonieta de Barros, Luis Gama, José Maria Pires, Mãe Menininha, Mandela, Martin Luther King e tantos outros, defenderão, até a morte se preciso for, e no lugar onde concretizam a vida, o ideal da liberdade, da justiça inclusiva e da cidadania planetária.

Tirar a vez e calar a voz, silenciar e invisibilizar a dor e angústia de uma pessoa concretiza uma das maneiras mais violentas de oprimi-la, de violentá-la e de desumanizá-la. Por isso o livro *Falas Negras* é também um grito uníssono. Um não bem grande à naturalização, à aceitação passiva e à legitimação cultural do racismo estrutural em nossa sociedade injusta e desigual. Esta sociedade injusta e desigual desde a violenta invasão e apropriação das Américas dos povos originários pelos europeus, passando pela criação das capitanias hereditárias, pelo abjeto período escravagista até a condenação dos negros, indígenas e seus descendentes pobres, às favelas e aglomerados das periferias de nossas cidades. Periferias estas, quase sempre, excluídas das políticas públicas básicas, a ponto de serem comparadas como nas novas senzalas. Cada uma das *Falas negras* que aqui se enuncia é, simultaneamente, uma declaração de protesto, de resistência e de utopia.

Falas Negras, primariamente, é uma publicação ousada, pois lança uma declaração de protesto. Protesto ante a vergonhosa lógica da exclusão social e da concentração de renda, nas mãos de uma elite econômica indiferente à miséria e a fome; protesto contra a tripla violência acumulativa contra as mulheres negras pobres: por ser mulher, por ser negra e por ser pobre; protesto contra o obsceno sistema prisional, encarcerador de negros e pobres; protesto contra a prática da pena de morte, socialmente legitimada, no extermínio de jovens negros das periferias e aglomerados; protesto contra o racismo estrutural e entranhado até a medula de nossa dinâmica cultural, sociopolítica, econômica, educacional e até religiosa.

Falas Negras, claramente, é uma obra que concretiza uma declaração de resistência. Resistência pelo próprio ato de assumir o lugar da fala com a consciência de ser um importante ator social; resistência pela criatividade na elaboração de ações afirmativas teimosas, de construção da identidade negra e de autoestima das crianças, adolescentes e jovens negros; resistência pela organização de coletivos de defesa dos interesses da cidadania negra, de políticas de cota mitigadoras do ônus histórico da exclusão e da perpetuação do racismo estrutural, defesa de direitos sociais e políticos, de reconhecimento do espaço e de visibilização da história, da cultura e das artes negras; resistência pela criação e ocupação de espaços de negracidade.

Falas Negras, teimosamente, é um livro que faz uma declaração de utopia. Utopia que, pelo cultivo da memória ancestral e da história recente vivida e sofrida, olha prospectivamente para o futuro que queremos: sem racismos e sem pessoas excluídas, por sua etnia, da mesa da cidadania e da dignidade humana; utopia capaz de nos fazer andar de cabeças erguidas na contramão se preciso for e levantar, esperançados, girassóis na escuridão, pois carregam a certeza de que a liberdade, a fraternidade e a igualdade é para lá; utopia que nos faz caminhar com fé, pois, como canta Gilberto Gil, *"andar com fé eu vou, que a fé não costuma faiá"*.

Desejo que você encontre aqui, o que está traduzido no poema de Paulo Gabriel, escrito em plena na luta contra o racismo, ao som dos gritos proféticos: "Parem de nos matar!", "Vidas negras importam!", "Toda vida importa!":

> *De morrer não tenho medo*
> *Paulo Gabriel*
> *De morrer não tenho medo,*
> *medo eu tenho de viver a vida sem paixão!*
> *De morrer não tenho medo,*
> *medo eu tenho de tolerar calado a injustiça,*
> *incapaz de indignar-me*
> *ante o tirano que mata a utopia.*
> *De morrer não tenho medo,*
> *medo eu tenho de cruzar um dia os braços*
> *achando que já fiz o que devia!*
>
> *Fonte: GABRIEL, Paulo. Poemas para iluminar a noite. Belo Horizonte: Mazza, 2020, p. 33.*

Desejo que você, leitor ou leitora, encontre em *Falas Negras* um precioso depositário de depoimentos, partilhas de experiências, análises, reflexões e muita arte, tudo repleto de vida e de esperança, capaz de provocar, fazer refletir e de espalhar a beleza negra para toda a sociedade e para todos os corações. Resta-me desejar, a cada um de vocês que aqui se aventuram, uma frutuosa leitura transformadora.

Abraços fraternos,
Edward Guimarães
Belo Horizonte, 07 de outubro de 2021
Na festa de Nossa Senhora do Rosário,
depois de uma inesquecível experiência vivida no
Muquifu – Museu de Quilombos e Favelas Urbanos.

RACISMO ESTRUTURAL

Maria de Lourdes Siqueira[1]

APRESENTAÇÃO

O RACISMO É SEMPRE ESTRUTURAL[2]

O nosso objetivo com este trabalho é apresentar ainda que brevemente algumas ideias chaves do Professor Doutor Silvio Almeida publicado em seu livro que é Racismo Estrutural.

A sociedade contemporânea não pode ser compreendida sem os conceitos de raça e racismo. A relação entre raça, racismo e suas terríveis consequências, exige dos pesquisadores e pesquisadoras um sólido conhecimento da teoria social (ALMEIDA, 2018, p. 16).

É neste sentido que o autor, Silvio Almeida, discute a relação entre racismo e dimensões fundamentais das estruturas sociais, articulando racismo e ideologia, racismo e política, racismo e direito, racismo e economia.

> Nossa tese é que o estudo do racismo não deve ser desvinculado de uma análise da ideologia, da política, do direito e da economia. O racismo se expressa concretamente com a desigualdade política, econômica e jurídica.

---

[1] Maria de Lourdes Siqueira é antropóloga, professora aposentada da Universidade Federal da Bahia e diretora da Associação Cultural Bloco AFRO ILÊ AIYÊ.

[2] ALMEIDA, S. L. O que é racismo estrutural. Belo Horizonte: Letramento, 2018

> Essas relações passam pelos conceitos de colonialismo, positivismo, capitalismo, características biológicas, a cor da pele, e aspectos étnico-raciais. (ALMEIDA, 2018).

Na perspectiva dos pensamentos que orientam ideias, experiências, estudo e pesquisa e práticas, a noção de raça naturaliza desigualdades, preconceitos, discriminações, as mais diversas formas de dominação e hierarquização das pessoas socialmente reconhecidas sob a denominação de minorias sociais.

Essas pessoas constituem as categorias: negros africanos e seus descendentes na diáspora africana, povos indígenas, pobres, ciganos, ribeirinhos, quilombolas, mulheres negras e indígenas. No Brasil esta situação é vivida há mais de quatro séculos e no dia a dia convive com a tenacidade da resistência negra e indígena.

O racismo é considerado, pelo autor ao qual nos referimos, um processo estrutural, por sua interferência em todos os setores da vida, sociedade, economia, justiça, política, referências, estruturando as desigualdades, discriminações, maus tratos, direta e indiretamente, praticados com naturalidade no dia a dia das pessoas.

O RACISMO É ESTRUTURAL

O racismo é estrutural, porque ele estrutura as relações sociais, as relações de trabalho, o cotidiano entre ricos e pobres, negros e brancos, mulheres brancas e mulheres negras de diferentes formas. Essa segregação perpassa naturalmente a vida de cidadãs e cidadãos brasileira(o), sem nenhuma ética, sem nenhum pudor. Tudo é praticado e negado peremptoriamente. Há pessoas que afirmam naturalmente: "Tenho amigos negros(as) ". "Não tenho nenhum preconceito com pessoas negras, diferentes, pobres de pele escura".

O que não é verdade uma vez que as estatísticas oficiais comprovam que 51% das pessoas no Brasil são de origem africana, têm características negras, são negras e são submetidas a estereótipos de toda sorte. Essas mesmas fontes oficiais nos mostram os lugares dessas pessoas, em sua grande maioria, desempregados(as), subempregados(as) com salários menores, diferenciados ou inexistentes. Essas diferenças raciais são estruturais porque interferem na vida das pessoas em relação à saúde, moradia, alimentação, emprego, salário, direitos civis.

Há testemunhos e já faz tempo e continuam existindo, das heranças e das reatualizacões do sistema colonial-escravista no Brasil, convivendo com liberalismo, neoliberalismo, capitalismo, combinações econômico-social, cultural e religioso.

> O racismo científico obteve enorme repercussão e prestigio nos meios acadêmicos e políticos do século XIX como demostram além de Arthur Gobineau as obras de Cesare Lombroso, Enrico Ferriere, no Brasil, Silvio romero e Raimundo Nina Rodrigues. O neocolonialismo assentou-se no discurso da inferioridade dos povos colonizador (ALMEIDA, 2018, p. 23). Nos ambientes acadêmicos eu era uma das pessoas, senão a única pessoa negra. Esta percepção se altera completamente quando, nesses mesmos ambientes, olho para os trabalhadores, da segurança, da limpeza, a maior parte negras(os) como eu, todos uniformizados, provavelmente mal remunerados, quase imperceptíveis aos que não foram "despertados" para as questões raciais como eu fora" (ALMEIDA, 2018, p. 47).

Essas expressões do autor ao qual estamos nos referindo é o sentimento de pessoas negras que alcançam lugares de prestígio em instituições públicas ou particulares.

A grande maioria das pessoas justifica essas diferenças que consideram inferiorizantes, atribuindo às pessoas negras, características negativas:

× Falta de aptidão para a vida acadêmica
× Falta de competência intelectual
× Dificuldades de acesso à educação
× Falta de dedicação aos estudos
× Portadores de habilidades para os trabalhos manuais, domésticos, braçais

O autor de "O que é racismo estrutural" reafirma, neste sentido, que o racismo é uma ideologia, ele demonstra em suas pesquisas, a rejeição de que o sistema de ideias racistas se nutre apenas de irracionalismos.

> As instituições são fundamentais para a consolidação de uma supremacia branca ... da supremacia de um determinado grupo racial.
> Dizem os autores Hamilton e Turé, que o racismo institucional é uma versão peculiar do colonialismo.
> Ou seja, no caso do racismo anti-negro, as pessoas brancas, de modo deliberado ou não, são beneficiárias das condições prejudiciais à população negra criada por uma sociedade que se organiza a partir de normas e padrões. (ALMEIDA, 2018, p. 53).

O autor que estamos estudando segundo suas pesquisas bibliográficas que:

> O racismo é uma ideologia, desde que se considere que toda ideologia só pode subsistir se estiver ancorada em práticas sociais concretas. Mulheres negras são consideradas pouco capazes, porque existe todo um sistema econômico, político e jurídico que perpetua essa condição de subalternidade, mantendo-as com baixos salários, fora dos espaços de decisão, expostas a todo tipo de violência. (VAN DIJK 2008, p. 30)[3].
>
> O que queremos enfatizar do ponto de vista teórico, é que o racismo, como processo histórico e político, cria as condições sociais para que direta ou indiretamente, grupos racialmente diferenciados sejam discriminados de forma sistemática". Para Anthony Giddens, a estrutura é viabilizadora, não apenas restritora. Giddens (ALMEIDA, 2018, p. 39).

RACISMO E PROCESSO HISTÓRICO

O racismo é também processo histórico

> O racismo é, no fim das contas, uma forma de racionalidade como nos ensina o mestre Kabenguele Munanga ao afirmar que preconceito não é problema de ignorância, mas de algo que tem sua racionalidade embutida na própria ideologia". (MUNANGA, 1998, p. 42)
>
> "Fanon, Cesaire e Senghor, sobre a negritude: e mais tarde Steve Biko, com a Consciência Negra; Guerreiro Ramos propunha o personalismo negro que podia ser definido como o ato de assumir a condição de negro, a fim de subverter os padrões racistas". (ALMEIDA, 2018, p. 61).

RACISMO E MERITOCRACIA

> A meritocracia se manifesta por meio de mecanismos institucionais, como os processos seletivos das universidades, e os concursos públicos. Uma vez que a desigualdade educacional está relacionada com a desigualdade racial, mesmo nos sistemas de ensino públicos e universalizados, o perfil racial dos ocupantes de cargos de prestígio no setor público e dos estudantes na Universidades mais concorridas, reafirma o imaginário em geral, associa competência e mérito a condições como branquitude, masculinidade e heterossexualidade e cisnormatividade. No Brasil, negação do racismo e a ideologia da democracia racial sustentam-se pelo discurso da meritocracia.

---

[3] VAN DIJK, T. A. Racismo e Discurso na América Latina. São Paulo: Contexto, 2008.

No contexto brasileiro, o discurso da meritocracia é altamente racista, vez que promove a conformação ideológica dos indivíduos com a desigualdade racial. (ALMEIDA, 2018, p. 63).

A criação de guetos ou de reservas para certos grupos sociais, também definidos, direta ou indiretamente, segundo padrões étnicos, culturais ou religiosos, o estabelecimento de condições jurídicas para o reconhecimento de territórios ou propriedades coletivas, segundo a identidade de grupo entre quilombolas, indígenas e outros, demonstram à exaustão, como a racionalidade e a dominação capitalista se apoiam em uma construção de espaço identitário, que pode ser visto, na classificação racial, étnica, religiosa e sexual de indivíduos como estratégia de poder. Os regimes colonialista e escravista, o regime nazista, bem como o regime do apartheid sul-africano, não poderiam existir sem a participação do Estado e outras instituições como escolas, igrejas, meios de comunicação. (ALMEIDA, 2018, p. 78).

Por exemplo a ação de grupos e movimentos sociais. Em grande parte de suas reivindicações, por mais específicas que sejam, que possam ser, é mais dirigida ao poder estatal na forma de luta por direitos, como igualdade, liberdade, educação, moradia, trabalho, cultura etc. O movimento pela abolição da escravidão, a luta pelos direitos civis contra a segregação racial são exemplos de um fazer político que sendo contra instituições foi em alguma medida conformado pela dinâmica jurídico-estatal. (ALMEIDA, 2018, p. 67).

O racismo, diz Foucault, é literalmente o discurso revolucionário, mas pelo avesso" ... Para Foucault, o racismo é uma tecnologia de poder... o racismo temo, portanto duas funções ligadas ao poder do estado: a primeira, a de fragmentação de divisão do contínuo biológico da espécie humana introduzindo hierarquias, distinções, classificações de raça... estabelecendo uma linha divisória entre superiores e inferiores, entre bons e maus.

O racismo é a tecnologia de poder que torna possível o exercício da soberania... (ALMEIDA, 2018, p. 87).

COLONIALISMO E NEOLIBERALISMO

A linha de pensamento do autor que estudamos agora, Silvio Almeida, articula poder, direito à segregação, soberania, ocupação colonial, dominação política, através de ideias de diferentes autores, para explicitar o que se entende por racismo estrutural.

Achile Mbembe sobre o neoliberalismo:

> o neoliberalismo cria o dever negro no mundo, as mazelas econômicas antes destinadas aos habitantes das colônias, agora se espalham para todos os cantos e ameaçam fazer com que toda a humanidade venha a ter o seu dia negro, que pouco tem a ver com a cor da pele, mas essencialmente com a condição de viver para a morte, de conviver com o medo, com a expectativa ou com a efetividade da vida pobre e miserável.

MARIELLE FRANCO

Marielle Franco em sua dissertação de Mestrado intitulada U.P.P a redução da favela a três letras. Uma análise da política de segurança pública do estado do Rio de Janeiro.

> A descrição de pessoas que vivem "normalmente" sob a mira de um fuzil, que tem a casa invadida durante a noite, que tem que pular corpos para se locomover, que convivem com o desaparecimento inexplicável de amigos e\ou parentes, é compatível com diversos lugares do mundo e atestam a universalização da necropolítica e do racismo de Estado, inclusive no Brasil.
> Marielle procura demonstrar como esta política se desenvolveu em duplo processo: a instituição de um controle social militarizado nas favelas e, simultaneamente, a abertura do território á lógica da mercantilização.
> Na mesma trama tecida por Mbembe, Marielle Franco nos diz que a "abordagem das incursões policiais nas favelas é substituída pela ocupação do território. Mas tal ocupação não é do conjunto do Estado, com direitos, serviços, investimentos e muito menos com instrumentos de participação. Marielle Franco aponta o elemento racial como central: a continuidade de uma lógica racista de ocupação nos presídios, por negros e pobres, adicionada do elemento de descartar uma parte da população ao direito da cidade, continua marcando a segurança pública, com o advento das U.P.Ps. Elementos esses que são centrais para a relação entre Estado Penal e a Polícia de Segurança em cursos no Rio de Janeiro. (ALMEIDA, 2018, p. 98).

A vida, a liberdade, a igualdade e a propriedade são valores que devem ser cultivados por toda a humanidade. Tudo é questão de justiça. E foram gerados nos regimes colonialistas

O DIREITO NOS REGIMES RACISTAS E COLONIALISTAS:

> O código negro (Le code noir), concebido em 1685 pelo jurista francês, Jean Batiste Colbert, foi central para disciplinar a relação entre senhores e escravos nas colônias francesas.
> A escalada do nazismo contou com as leis de Nuremberg, de 1935, que dentre outras coisas, retiraram a cidadania alemã dos judeus, e marcaram o "início oficial" do projeto estatal anti-semita".
> Na África do Sul, o APARTHEID foi estruturado por um grande arcabouço legal, dentre os quais, destaca-se a lei da imoralidade, de 1950, que criminalizava relações sexuais inter-raciais, a lei dos bantustões, de 1951, que determinava que negros fossem enviados pra territórios conhecidos como homelands ou bantustões, e a lei da cidadania da pátria negra, de 1971, que retirava dos moradores dos bantustões a cidadania sul-africana.

Já nos Estados Unidos, até 1963, a segregação racial era oficialmente organizada pelas apelidadas leis Jim Crow, um conjunto de normas jurídicas que estabeleciam a separação entre negros e brancos no uso de bens e serviços públicos, como escolas, parques e hospitais, além de permitir que proprietários de estabelecimentos privados proibissem a entrada de pessoas negras". (ALMEIDA, 2018, p. 109).

No Brasil: Em 1951 – a Lei Afonso Arinos que torna contravenção a prática da discriminação racial. (ALMEIDA, 2018, p. 111).

A constituição de 1988, trouxe as disposições mais relevantes, no âmbito penal ao tornar crime de racismo inafiançável, e imprescritível, disposição que orientou a lei 7716\89, a lei dos crimes de racismo, tabém conhecida como Lei CAÓ, assim intitulada em homenagem ao parlamentar Carlos Alberto de Oliveira, o propositor do projeto de lei.

No Brasil, em todos esses momentos, os movimentos sociais têm tido significativa participação na construção de direitos fundamentais previstos na Constituição de 1988 e nas leis antirracistas, a exemplo da lei 10.639\2003, as leis de conta raciais nas Universidades e no Serviço Público e no Estatuto da Igualdade Racial. (ALMEIDA, 2018, p. 117).

É neste sentido, que pode-se afirmar que no Brasil a discriminação de raça e gênero sobrecarregam todos os setores considerados minorias sociais, a exemplo da mulher negra em sua grande maioria pobre, enfrentando as dificuldades das lutas cotidianas por uma vida digna na luta por direitos à educação, saúde, trabalho, respeito diante da sociedade. Há evidência de que a Universidade além de ser um lugar de formação técnica e científica para o trabalho é também um espaço de privilégio, de destaque social, é um lugar onde também se processa o racismo, as desigualdades, desde o acesso, a convivência, onde a grande maioria é de pessoas brancas.

Uma mulher negra teve que superar muitos obstáculos e demonstrar especial resiliência para chegar no mesmo patamar de uma pessoa branca. (ALMEDA, 2018, p. 130).

A DEMOCRACIA RACIAL EM ESTUDOS E PESQUISA DO PROFESSOR SILVIO ALMEIDA

Enquanto na África do Sul e nos EEUU que com as devidas distinções estruturavam juridicamente a segregação da população negra, mesmo no avançar do século XX, no caso da África do Sul, até 1994. No Brasil, pela ideologia da democracia racial, que consiste em afirmar a miscigenação como uma das características básicas da identidade Nacional.

A ideologia da democracia racial foi instalada de maneira muito forte no imaginário social brasileiro, a grande maioria das pessoas em todas as camadas, classes, categorias sociais, acreditam na existência de uma Democracia racial no Brasil. Tudo começa a partir da credibilidade do escritor Gilberto Freire.

Trata-se de um esquema complexo, para além de uma ordem moral, envolve a reorganização de estratégias de dominação política, econômica e racial adaptadas ás circunstâncias histórica específicas. (ALMEIDA, 2018, p. 140).

Pode se dizer que as mais distintas correntes de direita e esquerda incorporaram a ideologia da democracia racial na grande maioria dos casos

O racismo não é um resto da escravidão, até mesmo porque não há oposição entre modernidade, capitalismo e escravidão. A escravidão e o racismo são elementos constitutivos tanto da modernidade quanto do capitalismo, de tal modo que não há como falar de um sem o outro. (ALMEIDA, 2018, p. 141).

A situação das mulheres negras exemplifica isso: recebem os mais baixos salários, são empurradas para os trabalhos improdutivos", aqueles que não produzem mais valia, mas que são essenciais, a exemplo das babás e empregadas domésticas, em geral negras, vestidas de branco, criam os herdeiros do capital, são diariamente vítimas de assédio moral, da violência doméstica e do abandono, recebem o pior tratamento nos sistemas universais de saúde e suportam, proporcionalmente, a mais pesada tributação (ALMEIDA, 2018, p. 145).

Não existe consciência sem consciência do problema racial

O professor Clóvis Moura defende essa Tese afirmando que: "a luta dos negros, desde a escravidão constitui-se como uma manifestação da luta de classes, de tal sorte que a lógica do racismo é inseparável da lógica da constituição da sociedade de classes no Brasil, porque, após o 13 de Maio, o sistema de marginalização social que se segue, colocaram-no como iguais perante a lei, como se no seu cotidiano da sociedade competitiva (capitalismo dependente) que se criou, esse princípio ou norma não passasse de mito protetor para esconder as desigualdades sociais, econômicas e étnicas. O negro foi obrigado a disputar sua sobrevivência social, cultural, e mesmo biológica, em uma sociedade secularmente racista. (ALMEIDA, 2018, p. 146).

Sobre o dilema luta de classes\luta de raça, Florestan Fernandes afirma que, "uma não esgota a outra e, tampouco uma não se esgota na outra". Para o sociólogo, ao se classificar socialmente, o negro adquire uma situação de classe proletária, embora continue a ser negro e sofrer discriminações e violências. A prova disso, para Fernandes é a reação das classes dominantes brasileiras à resistência negra, nas décadas de 1930, 1940 e 1950 (ALMEIDA, 2018, p.147).

A raça também é um fator revolucionário específico. Por isso, existem duas polaridades que não se contrapõem, mas se interpenetram como elementos explosivos – a classe e a raça. (ALMEIDA, 2018, p.147).

No fim de contas a identidade desconectada das questões estruturais, a raça sem classe, as pautas por liberdade desconectadas dos reclamos por transformações econômicas e políticas, tornam-se presas fáceis do sistema. Facilmente a questão racial desliza para o moralismo. Por isso a diversidade não basta, é preciso igualdade. Não existe e nunca existirá respeito às diferenças em um mundo em que as pessoas morrem de fome e são assassinadas pela cor de sua pele. (ALMEIDA, 2018, p. 148).

Guerreiro Ramos pensava e chamava a atenção para o fato que, sem um compromisso político com o desmantelamento do racismo, inclusive com a promoção de uma inteligência compromissada com a transformação social, e que, não fizesse do negro mero objeto de estudo, a construção de uma nação seria impossível. (ALMEIDA, 2018, p. 153).

Achar que no Brasil não há conflitos raciais diante da realidade violenta e desigual que se nos apresenta cotidianamente, beira ao delírio, é perversidade ou a mais absoluta má fé.

A população negra constitui mais da metade da população brasileira. Diante de tal demografia, é difícil conceber a possibilidade de um projeto nacional de desenvolvimento, sem que o racismo seja enfrentado no campo simbólico e prático. (ALMEIDA, 2018, p. 54).

Há que se lembrar que na lógica liberal, o "mercado" é a sociedade civil. Como não serão integrados ao mercado, seja como consumidores, ou como trabalhadores, jovens negros, pobres, moradores da periferia, minorias sexuais, serão vitimadas por fome, epidemias, ou pela eliminação física, promovida direta ou indiretamente, por exemplo, corte dos direitos sociais, pelo Estado.

... a busca por uma nova economia e por formas alternativas de organização é tarefa impossível, sem que o racismo e outras formas de discriminação sejam compreendidas como parte essencial dos processos de exploração e de opressão de uma sociedade que se quer transformar. (ALMEIDA, 2018, p. 162)

Conforme anunciamos no decurso deste texto as ideias aqui apresentadas são resultado de minha cuidadosa leitura sobre o livro do Professor Luiz Silvio de Almeida: o que é racismo estrutural.

A minha pesquisa corresponde às dimensões por mim consideradas mais necessárias a compreensão do problema do racismo.

REFERÊNCIAS

ALMEIDA, Silvio Luiz de. *O que é racismo estrutural*. Belo Horizonte. Minas Gerais: Letramento 2018.

CABRAL, Amilcar. *Obras Escolhidas*. Unidade e Luta. Cabo Verde, África: Fundação Amilcar Cabral. 2013.

DAVIS, Angela. *Mulheres, raça e classe*. São Paulo: Boi Tempo. 2016.

FANON, Franz. *Os condenados da terra*. Rio de Janeiro: Civilização Brasileira. 1968.

FRANCO, Marielle. *A redução da Favela a três letras: uma análise da política de Segurança Pública do Estado do Rio de Janeiro*. 2014. Dissertação (Mestrado em Administração) - Faculdade de Administração, Ciências Contábeis e Turismo, Universidade Federal Fluminense. Rio de Janeiro, 2014.

GILROY, Paul. *O Atlântico negro*. São Paulo: 34. Rio de janeiro: UCAM Centro de Estudos Afro-Asiáticos. 2012.

GOMES, Joaquim B. Barbosa. *Ação Afirmativa e princípio constitucional da igualdade*. Rio de Janeiro: Renovar 2001.

GONZALEZ, Lélia. *A categoria político-cultural da amefricanidade. Tempo Brasileiro*. Rio de Janeiro: Civilização Brasileira. 92\93-1988.

GRAMÍSCI, Antonio. *Cadernos do Cárcere*. Rio de Janeiro: Civilização Brasileira. 2011.

Laplantine, François. *O que é Antropologia*. Paris, 2012, p. 55.

MBEMBE, Achile. *Crítica da razão negra*. São Paulo. N 1. 2018, p. 175

MOURA, Cloves. *Dialética Racial do Brasil Negro*. São Paulo: Editora Anita, 1994.

MUNANGA, Kabenguele. Teorias sobre o racismo. In. HASEMBALG, Carlos, MUNANGA Kabenguele, SCHUARTZ, Lilia Moritz. *Racismo: perspectivas para um estudo contextualizado da sociedade brasileira*. Niteró: UFF, 1998.

NASCIMENTO, Abdias. *O genocídio do negro brasileiro:* processo de um racismo mascarado. São Paulo: Perspectivas 2016.

RAMOS, Alberto Guerreiro. *Introdução crítica à Sociologia Brasileira*. Rio de Janeiro: UFRJ. 1995.

SANTANA, Letícia et.al (org.). *Maria Mazarello Rodrigues*. Belo Horizonte: Ed. Do autor 2015. 96 p. (Coleção: Edição e Ofício).

MINHA LOUVAÇÃO À MARIA MAZZARELO RODRIGUES

Maria de Lourdes Siqueira[4]

"*É Deus quem aponta a estrela que tem que brilhar*"
Mojubá Maza! Mojubá[5].

Já são 80 anos de uma história de vida bonita, entre diversidades e adversidades, perpassadas por uma reconhecida sabedoria de viver, com muita inteligência, tenacidade, determinação e consciência da realidade político-social.

Mazza tem uma pedagogia própria, firme e terna, de contribuir com a sociedade. Ela ensina com a sutileza de quem sabe, sobretudo ela orienta a coragem de escrever, de atrever-se e se propor a publicar – o que não é fácil!

Esse ministério da arte do universo editorial, passa por uma sabedoria diferente, que Mazza orienta com segurança, articulando autoria, publicidade, mensagem útil, capaz de contribuir com os propósitos da Mazza Edições *"a construção de uma sociedade baseada na ética, na justiça e na liberdade"*.

A essa proposta, a Mazza Edições tem uma temática, que por sua natureza vai se estabelecendo, história, cultura, religião, movimentos sociais, educação, material didático e paradidático, historiografia que prioriza abordagens das culturas africanas brasileiras e afro-brasileira.

---

4 Maria de Lourdes Siqueira é antropóloga, professora aposentada da Universidade Federal da Bahia e diretora da Associação Cultural Bloco AFRO ILÊ AIYÊ.

5 Música de Xande de Pilares

As autoras e autores de Maria Mazzarelo, chegam principalmente das áreas de estudos e pesquisas da Antropologia, Educação, História, Jornalismo, Literatura Infantil e Infanto Juvenil (coleções interativas, livros de imagem). Artes.

Eu posso testemunhar o quanto Maria Mazzarelo é capaz de investir para "preparar "uma autora, um autor, utilizando uma linguagem da minha terra: EU QUE O DIGA!

Continuaremos! Estamos sempre tentando, lutando, determinadamente, há quatro décadas, desde os anos 80!

Sou sua eterna aprendiz.

    Afetuosamente,
    Maria de Lourdes Siqueira
    São Luís, setembro de 2021

RACISMO ESTRUTURAL

Geni Guimarães[6]

O racismo estrutural é um conjunto de práticas institucionais, históricas, culturais, entre pessoas, dentro de uma sociedade que coloca um grupo social ou étnico em posição melhor, em relação a um outro grupo ao qual acredita ser, estar numa posição inferior.

Esta conduta, afeta de modo consistente e constante suas vítimas, causando danos morais, intelectuais e de sobrevivência.

Nós, os negros brasileiros, somos os mais atingidos, sobre todas as maneiras de preconceitos.

Acredito que em consequência da lei ,7716, de 5 de Janeiro de 1989, que diz que o racismo é crime, a classe chamada de dominante, tornou-se um tanto camuflada; e veio o temor de nos xingarem ou nos chamarem de negro.

Porém o racismo estrutural nos abrangeu de modo inusitado:

Sabemos que numa faculdade, o número de estudante negros é muito menor que os alunos não negros. No Brasil, o negro ocupa o maior número de desemprego, nas prisões, o maior número de detentos, são negros, e a maior porcentagem de assassinatos de mulheres, ocorrem com as negras.

Creio que em virtude de morte do menino João Pedro, numa favela do Rio, e o assassinato de George Floyd, por um policial, nos Estados Unidos, acertaram os ânimos sociais negros.

Embasados nesta postura completamente racista, é que nós, Negros brasileiros, nos anunciamos e através da oralidade, escrita ou não buscamos cobrando nossos direitos de gente.

---

6 Escritora premiada, poetisa, romancista e ativista.

PARDA? EU?

Madu Costa[7]

Mastigue quarenta e cinco vezes.
Sinta o sabor de cada ingrediente.
Coma devagar.
Mantenha a cabeça sempre erguida.
O olhar no horizonte.
Trace seu caminho.
Ninguém o fará por você.
Ouvi essas frases durante toda minha infância e juventude.
Era o meu pai, me ensinando a viver.
Eu nem suspeitava que aquelas, eram lições
de sobrevivência, num mundo hostil.
Tudo parecia, lúdico e lúcido, na voz do meu pai.
Ele era gigante. Elegante em seu terno e chapéu bem talhados.
Os sapatos bem engraxados e a pasta de couro lhe davam realeza.
Eu, princesa nesse reino de surpresas no porvir.
Meus pais me ensinavam que eu deveria fazer sempre o melhor.
Eu deveria conhecer e reconhecer o significado da
excelência em todo e qualquer serviço prestado por mim.
"Olha a nossa cor". Eles diziam, passando o dedo
indicador esfregando a pele do braço.
Aquele gesto me parecia nobre.
Eu acreditava que a "cor" me dava prestígio. Demorei muito para
decifrar os códigos por trás daquelas palavras dos meus pais.

[7] Escritora, cordelista, narradora de histórias, pedagoga e arte-educadora, membra do Coletivo Iabás de narração de histórias das orixás femininas.

Eles, ao seu modo, tentavam me alertar e aos meus irmãos, sobre as agruras do racismo no Brasil.

O problema é que eu nem me sabia negra.

Era parda.

PARDA.

Estava lá, escrito na minha certidão de nascimento.

Quantas vezes, fui acariciada com tapinhas nos ombros, acompanhados de frases consoladoras, do tipo; Você? Não; você é parda. Você não é negra. Seu cabelo é até bonito.

E eu me sentia protegida com esses toques.

Eles me abriam portas para as brincadeiras coletivas, com crianças brancas. Eu não era negra. Eu era quase branca.

Um alisamento no cabelo aqui, uma roupa transada ali e, sim, o mundo estaria aos meus pés-pensava eu, na minha cegueira.

Essa ilusão, esse engano duraram séculos na minha vida.

Foi depois de ouvir nãos às vagas de emprego.

Nãos, aos desejos de conquistar namorados brancos.

Nãos, aos espelhos embaçados a refletir uma estanha versão de mim, que comecei a entender o que acontecia em minha vida.

Fui deixando de ser parda, pra ser negra.

Nasci para mim.

De repente me dei conta, ao olhar pelas frestas do meu passado, os equívocos cometidos.

Eu não me conhecia!

Eu não me via na minha fenotipia.

Não; os espelhos não eram embaçados. E sim, os meus sentidos deturpados, confundidos, enganados.

Pela primeira vez, senti o gosto do que seja a liberdade.

Foi quando deixei meus cabelos se apresentarem a mim.

Muito prazer! Meu cabelo era bom pra mim.

Não me feria mais a cabeça.

Não me tirava mais o sono com rolinhos e grampos.

Não me embaraçava mais com os preços extorsivos do formol e da amônia.

Muito prazer!

Eu sou negra.

Sou herdeira de rainhas.

Sou protegida pelos orixás.

Tenho a graça do axé.

Tenho a força do UBUNTU.

Sou filha de Exu.

Agora sim.

Meu corpo negro se apresenta ao mundo e todas as pessoas me veem tal e qual eu sou.

Hoje só tenho um pedido a fazer:

"Na minha próxima encarnação, quero voltar mulher negra."

RACISMO ESTRUTURAL E NECROPOLITICA

Marcos Antonio Cardoso[8]

Quando o sistema de comunicação/informação por meio da televisão, rádios, jornais, internet e outros dispositivos digitais noticiam o homicídio de pessoas negras como casos pontuais e omite o contexto e a gravidade do que temos vivido coletivamente, me parece que o *racismo estrutural* completou a sua obra na medida em que ninguém será responsabilizado pelo genocídio do povo negro na sociedade brasileira. E ainda vão dizer que Genocídio é uma palavra forte para nomear o extermínio em massa da juventude negra pelas forças de segurança do Estado.

Não se trata de números frios quando assistimos pela TV ou vemos estampados nos jornais, os rostos de nossas crianças mortas, os filhos que nunca mais voltarão; o irmão que se foi, os parentes que nossos filhos nunca conhecerão. Trata-se de uma dor imensurável de famílias pretas, de memórias e palavras amargamente silenciadas. São nossos filhos e parentes e não apenas uma mera figura de linguagem, mas da condição de nossa existência.

Trata-se de uma política de Estado e da cumplicidade covarde da sociedade brasileira para com o extermínio da população negra. Trata-se da ideologia de raça, muito bem criticada nos estudos culturais de Stuart Hall, que propõe pensar novas possibilidades epistêmicas diferentes do pensamento da cultura ocidental hege-

---

8 Militante do Movimento Negro, filósofo, mestre em História Social pela UFMG, pesquisador das Culturas Negras e professor de cursos livres de Introdução à História da África.

mônica que ao ignorar as diferenças étnico-raciais, sexuais e culturais gera o apagamento e desumanização.

O princípio da ideologia da raça atravessa as relações sociais no Brasil e se relaciona com o modo de ser e estar neste mundo, organizando leis e privilégios para corpos brancos e desumanizando aqueles corpos que a supremacia branca não vê como seu semelhante. No Brasil, os corpos negros são excluídos pela <u>lógica do recinto fechado</u> conforme <u>Achille Mbembe (2017)</u> que na sua obra *Crítica da Razão Negra*, afirma *"que a classificação das raças é uma tecnologia de governo, onde a raça funciona como um dispositivo de segurança, sendo, simultaneamente, ideologia e tecnologia do governo para manter uma hierarquia social imutável"*.

Esta é a gênese do pensamento social cuja engrenagem sólida funciona nas estruturas de poder no Brasil. Tal engrenagem é parte daquilo que o Movimento Negro brasileiro compreende como <u>racismo estrutural,</u> que "por ser processo estrutural, o racismo é também processo histórico e, desse modo, não se pode compreender o racismo apenas como derivação automática dos sistemas econômico e político". (ALMEIDA, 2019).

> "O racismo é uma ideologia que se realiza nas relações entre pessoas e grupos, no desenho e desenvolvimento das políticas públicas, nas estruturas de governo e nas formas de organização dos Estados. Ou seja, trata-se de um fenômeno de abrangência ampla e complexa que penetra e participa da cultura, da política e da ética. Para isso, requisita uma série de instrumentos capazes de mover os processos em favor de seus interesses e necessidades de continuidade, mantendo e perpetuando privilégios e hegemonias. Por sua ampla e complexa atuação, o racismo deve ser reconhecido também como um sistema, uma vez que se organiza e se desenvolve através de estruturas, políticas, práticas e normas capazes de definir oportunidades e valores para pessoas e populações a partir de sua aparência, atuando em diferentes níveis: pessoal, interpessoal e institucional (Racismo institucional: uma abordagem conceitual. Geledés, Instituto da Mulher Negra)".

De todo modo, engana-se quem acha que o projeto genocida está circunscrito a setores da direita tradicional ou extrema direita. O projeto de genocídio não pertence a um partido político em específico, mas a um conjunto de forças políticas e econômicas que determinam o funcionamento do Estado, estabelecendo quem deve ou não morrer. Os corpos negros são os corpos matáveis.

O filósofo africano Achille Mbembe argumenta que o capitalismo é a grande justificativa para a utilização da escravidão em larga escala pelos brancos europeus. A utilização do corpo negro como mão de obra escrava durante o colonialismo nas Américas, por um lado produziu uma riqueza astronômica tanto no processo de venda desses corpos como o da exploração do trabalho produzido pelos mesmos, por outro lado transformava o negro em objeto passando pela metamorfose conceitual em **homem-mineral, homem-metal e homem-moeda**.

Tais dispositivos conceituais levaram a justificativa da legitimação da dominação, subjugação e eliminação do corpo de seres humanos de pele escura, procedente do continente africano e as respectivas terras para onde foram levados a força para serem escravizados. Ao receber a alcunha de negro pelo colonizador europeu, o africano começa a ser inserido em um estágio de construção de **não-ser, não-humanidade e não-racionalidade**.

A equivalência entre vida e morte, está na base do biopoder e explica a emergência de fenômenos como o racismo de Estado, que no Brasil, começou com os corpos escravizados, depois corpos encarcerados e, agora, são corpos matáveis pela mão armada do Estado, ou pela negligência dos serviços de saúde e pela omissão da medicina.

O que nos interessa é a morte provocada pelo "outro", de forma violenta e seletiva que tem a ver com as relações de poder, que se torna uma norma e funciona como uma *biopolítica,* o que permite ao Estado o controle biológico da sociedade ao utilizar de instituições como a saúde pública e a educação para controlar os corpos.

A biopolítica utiliza do dispositivo do biopoder para dessa forma decidir quais membros da sociedade podem viver e quais devem morrer. Segundo Foucault, o critério utilizado para decidir quem vive e quem morre é o da raça: o racismo passa a ser um dos mecanismos que passam a regular a política dos corpos e da vida, dessa forma beneficiando o grupo racial hegemônico em detrimento do grupo racial indesejado, considerado inferior e que não somente será deixado desprotegido como também pode ser alvo de extermínio pelas mãos do Estado se este assim o desejar.

A essa estratégia de exterminar o corpo negro pelo poder soberano de matar do Estado, pela omissão das instituições, pela indiferença da sociedade e silencio cúmplice dos indivíduos **nomeamos de "Deixar Morrer"**, elemento central do biopoder que estrutura a sociedade racista brasileira.

A sociedade contemporânea construiu formas muito sofisticadas de dominação. A economia e a política estão ligadas à questão do desejo. A construção de um projeto parte da construção de um ideal de eu, mas há um ocultamento das condições materiais, da segurança para se projetar esse ideal. Essa projeção se realiza por meio de uma ação pedagógica permanente e as crianças aprendem isso rapidamente e sempre nos surpreendem. Como seres humanos tão pequenos aprendem tão rapidamente o que é ser "branco" e o poder que isso lhes confere e, passam a discriminar racialmente, mesmo inconscientemente, outras crianças. Pois bem, as crianças têm pais, mães, ambiente familiar, mídia, literatura, cinema, escola, ou seja, toda uma estrutura que hierarquiza os corpos e os educa racialmente para "matar" simbolicamente o outro.

> "trata-se do que se apazigua odiando, mantendo o terror, praticando o alterocídio, isto é, constituindo o outro não como semelhante a si mesmo, mas como objeto intrinsecamente ameaçador, do qual é preciso proteger-se, desfazer-se, ou que, simplesmente, é preciso destruir" (Mbembe, p.26. 2017).

Enfim, o racismo estrutura o sistema de pensamento ocidental e é letal, na medida em que branquitude possa manter status, prestígio e poder na condição de gozarem dos privilégios raciais. Este é o legado pedagógico da modernidade tardia, onde nossa sociedade vê como natural a **necropolitica** que só é possível se houver na sociedade um desejo de morte. Na contramão, nossa negritude pulsa pela vida.

REFERÊNCIAS BIBLIOGRÁFICAS

ALMEIDA, Silvio Luiz de. Racismo Estrutural. São Paulo. Sueli Carneiro; Pólen, 2019. Coleção Feminismos Plurais.

FOUCAULT, Michel. *Em defesa da sociedade: Curso dado no Collège de France (1975-1976)*. São Paulo: Martins Fontes. 1999.

MBEMBE, Achille. **Crítica da razão negra**. Tradução de Marta Lança. 2ª. Ed. Lisboa: Antígona, 2017.

ENTREVISTA EDIMILSON DE ALMEIDA PEREIRA POR MÁRCIA MARIA CRUZ – 21 DE FEVEREIRO DE 2020

Edimilson de Almeida Pereira[9]

"Que alegria saber de mais essa homenagem para a Mazza. E, no caso da Mazza, tudo é sempre mais e mais importante. Deixo com você uma entrevista que concedi à Márcia Cruz. Segue também o poema que escrevi, faz tempo, em homenagem à Mazza".

1. **COMO VOCÊ E MARIA MAZARELLO SE CONHECERAM? FOI UM ENCONTRO PRESENCIAL? QUAIS MEMÓRIAS VOCÊ TEM DESSE DIA?**

R: No final de 1988, eu a professora Núbia Pereira estávamos com os originais do livro *Assim se benze em Minas* pronto para ser impresso. A editora, no entanto, desistiu do projeto. No início de 1989, escrevi uma carta para a Mazza Edições para saber se haveria interesse pelo tema do livro. Recebi uma resposta da responsável pela editora, solicitando que lhe enviássemos os material. Se não me engano, em maio fui a Belo Horizonte para conhecer a editora e falar sobre o livro. Fui recebido pela Maria Mazzarelo em sua casa, na Rua Pompeia, mesmo local das oficinas da Mazza Edições. Tivemos uma longa conversa. Foi um encontro parecido

---

9 Poeta, ensaísta e professor na Faculdade de Letras da UFJF.

ao de pessoas que se conheciam há muito tempo. Conheci os projetos da editora, comentei sobre os trabalhos que Núbia eu fazíamos sobre cultura popular e afrodescendente. Desde então, temos uma amizade que se renova, permeada de esperanças e de visão crítica a respeito desse nosso injusto país. Do primeiro encontro com Mazzarelo, ficarem pequenas e decisivas recordações. A mais importante delas foi a descoberta em Maria Mazzarelo de um ser humano pleno. Pleno porque ela se multiplica em generosidade e coragem, em ternura e alegria, em vozes de uma mulher consciente dos obstáculos a enfrentar. Consciente também das possibilidades de criar uma experiência cultural única nesse país violentado secularmente pelo racismo, pela misoginia e pelo preconceito contra as pessoas pobres. Desse encontro me marcaram ainda a movimentação de pessoas, de todas as idades, que circulavam na casa de Mazzarelo. Percebi, mais tarde, que fazer amizades (sem abrir mão da dialética da confrontação de ideias), partilhar projetos e trabalhos era uma das características mais intensas de Mazzarelo. Ficou em mim, também, a lembrança do sol entrando pela varanda da casa, entre as árvores: Mazzarelo criou um ambiente arejado tanto do ponto de vista da arquitetura, quanto das relações pessoais. Isso me marcou profundamente. Por conta dessa amiga tão querida aprendi a não hesitar diante dos desafios, aprendi a procurar saídas onde elas aparentemente não existem.

2. **QUANDO VOCÊ CONHECEU A EDITORA MAZZA? E QUANDO OCORREU O PRIMEIRO CONVITE PARA SER UM DOS AUTORES DA EDITORA?**

R: A Mazzarelo leu e se interessou de imediato pelo texto do *Assim se benze em Minas Gerais*. Ela publicou a primeira edição do livro ainda em 1989 e fez duas reedições, respectivamente, em 2004 e 2018. O lançamento aconteceu na Casa do Jornalista, com a presença da Comunidade dos Arturos e muitos amigos. A Rede Minas, na época, fez uma transmissão ao vivo de parte do evento. O *Assim se benze em Minas Gerais* é um dos livros de maior destaque do meu percurso como escritor. Enquanto viva, a professora Núbia Pereira, ministrou inúmeras palestras e cursos sobre esse tema, tão importante nos dias de hoje. O livro analisa as relações entre a palavra sagrada, a vida cotidiana, os modos de cura e a força da natureza, dentre outros aspectos. Esse complexo sociocultural é mediado por mulheres (rezadeiras, parteiras, devotas do catolicismo popular) que constroem relações sociais mais justas e equilibradas a partir do respeito e do cuidado com as pessoas que as procuram. De 1989 em diante, a Mazza Edições publicou praticamente toda a minha obra ensaística, na qual se destacam *Mundo encaixado: significaão da cultura popular*, 1992; *Negras raízes mineiras: os Arturos*, em reedição de 2004, e *Os tambores estão frios: herança cultural e sincretismo religioso no ritual de Candombe*, em 2005. Essas obras são importantes porque, antes dos incentivos da Lei 10.639, abordaram aspectos relevantes das culturas afrodescendentes no país. Atualmente, uma geração de jovens pesquisadores, docentes e artistas tem se valido dessas publicações da Mazza para analisar, debater e ampliar a representatividade de nossas matrizes culturais afrodescendentes.

3. **EM ENTREVISTA COM A MAZZA, ELA ME DISSE QUE VOCÊ É UM DOS AUTORES MAIS IMPORTANTES DA EDITORA E MAIS: É UM CONSELHEIRO EDITORIAL. COMO SE ESTABELECEM ESSAS CONVERSAS EDITORIAIS?**

R: Eu queria frisar, antes de tudo, que minha trajetória literária deve muito à Mazza Edições e, consequentemente, à pessoa da Maria Mazzarelo Rodrigues. Eu me pensei de fato como escritor a partir da convivência com a Mazzarelo e com as pessoas que trabalharam e trabalham na editora. Sempre tive liberdade para apresentar meus projetos editoriais e realiza-los, mediante as conversas com Mazzarelo e com o Pablo Guimarães. Os dois são meus parceiros de trabalho há muito tempo. Pensamos, planjamos, mudamos os caminhos e, sobretudo, sonhamos os temas e as formas dos livros. Por conta dessa proximidade e companheirismo, acabei me tornando um interlocutor para analisar outras propostas editoriais encaminhadas à Mazza. Tenho uma alegria particular em relação a uma dessas consultorias. Nos anos 90, Mazzarelo me repassou os originais datilografados de um livro de memórias. Eu o li e comentei com que seria importante publicar a obra. Havia nela uma série de questões relevantes, particularmente aquela derivada do ponto de vista de uma narradora mulher e negra. Eu não conhecia a autora. O tempo passou, dificuldades financeiras adiaram a edição do livro. Em 2006, a sua primeira edição veio a público com o título de *Becos da memória*, de autoria de Conceição Evaristo. E assim temos trabalhado, sempre que Mazzarelo e Pablo me solicitam a leitura e a análise de um texto de ensaios, de literatura infantojuvenil, de um livro de poemas. Procuro contribuir com o perfil da editora, que se ampliou ao longo de três décadas, constituindo um catálogo ímpar no meio editorial brasileiro.

4. VOCÊ PODE FALAR UM POUCO SOBRE AS COLEÇÕES DA MAZZA?

R: A Mazza Edições tem hoje uma catálogo primoroso, que atende aos interesses de várias faixas do público leitor. Sob os tópicos intitulados de infanto-juvenil, paradidático, ensaio, literatura, pensar a educação, peninha, kits o catálogo da Editora apresenta aos leitores uma gama ampla e variada de publicações que abordam temas relevantes. A Mazza é pioneira e referência na publicação de temas sobre as questões afrodescendentes no Brasil. Além disso, ampliou sua atuação em áreas como a literatura infantil e infantojuvenil, as questões de gênero e saúde, os temas relacionados à historiografia, à antropologia e à sociologia. É importante frisar que a partir do eixo "educação e temas afrodescendentes" a Mazza construiu um catálogo multitemático e multicultural, demonstrando o quanto o valor da democracia na sociedade brasileira está intrinsicamente relacionado ao desenvolvimento das políticas públicas que protegem, incentivam e reconhecem a relevância das matrizes afrodescendentes em nossa sociedade.

5. QUAL A IMPORTÂNCIA DA MAZZA EDIÇÕES PARA O MERCADO EDITORIAL BRASILEIRO, EM SUA OPINIÃO?

R: A partir do "eixo educação e temas da afrodescendência" a Mazza Edições tem demonstrado que é possível estimular uma sociedade aberta ao diálogo e interessada no respeito à sua própria diversidade social e cultural. O modo crítico e democrático como a Editora aborda as temáticas afrodescendentes incentiva a pesquisa, o debate e a abertura de canais de aproximação entre as diferentes estruturas sociais e culturais que nos constituem. Em tempos de violência, intolerância e fechamento de fronteiras como esse que estamos submersos, o trabalho da Mazza Edições se torna ainda mais importante. Tendo atravessado um período obscuro da história recente do Brasil e, agora, tensionada por uma nova onda de conservadorismo e intolerância religiosa, política e cultural a Editora se mostra pronta para apresentar alternativas a esse cenário dantesco. É interessante notar que a partir da experiência editorial da Mazza, que ultrapassa três décadas, novas editoras com um perfil semelhante e, ao mesmo tempo próprio, foram criadas no país. Dada a dimensão de nossas necessidades, o número dessas editoras ainda é restrito, mas as que existem já nos permitem pensar numa teia de atividades e publicações que diversificaram a percepção das abordagens sobre nós mesmos. Um exemplo, é o aumento da difusão de autoras e autores afrodescendentes na última década. Com essas autorias circulam temas e pontos de vista que nos levam a uma reavaliação dos modos de representação de nosso patrimônio cultural. Ao mesmo, a presença dessas vozes autorais em espaços públicos (como as feiras e festas literárias), nos currículos escolares, nos veículos de mídia contribui para a inserção de modos de pensar a sociedade brasileira até então invisibilizadas e relegadas ao esquecimento. As atividades de casas editoriais como a Mazza Edições e a Nandyala (de Minas Gerais) e a Malê (do Rio de Janeiro), apenas para citar aquelas que acompanho de perto, alargaram e aprofundaram a cena editorial do Brasil nos últimos anos. Essas atividades somadas ao trabalho incansável de professores do ensino fundamental, de pesquisadores das universidades e ao interesse sobretudo de jovens leitores desenharam um novo traço no campo da recepção das temáticas afrodescendentes entre nós. Ainda há muito por fazer nesse campo, mas o que se fez de 1988 até agora é inspirador. Em face da truculência e do espírito antidemocrático que assolam o Brasil de hoje, os trabalhos dessas e de outras editoras se revela ainda mais importante, porque através delas e de outros órgãos críticos do totalitarismo é que poderemos caminhar para um ambiente social democrático.

6. NUMA CONVERSA ANTERIOR, NA ÉPOCA DA FLIP, VOCÊ ME FALOU SOBRE UMA EPISTEMOLOGIA NEGRA. COMO ESSE CONCEITO PODE SER PERCEBIDO A PARTIR DAS PUBLICAÇÕES DA MAZZA EDIÇÕES?

R: De fato, deveríamos pensar em epistemologias, num sentido plural, que deriva da própria diversidade das culturas de matrizes africanas. O processo da diáspora negra fragmentou e dispersou muito dos patrimônios culturais africanos. De certo modo, esse quadro histórico supõe que há muito vivemos as crises migratória, ambiental e territorial que ocupam atualmente as chamadas dos veículos da mídia nacional e internacional, bem como interferem nas pautas políticas de diversos países. As populações afrodiaspóricas sempre viveram o apocalipse, fustigadas pela ideia do fim do mundo ou, se podemos dizer, do mundo tal como o conheceram antes da ingerência do colonialismo e de suas práticas racistas e predatórias. No entanto, nesse processo de rupturas (ou caos) subjazem condições filosóficas e materiais a partir das quais milhões de africanos e seus descendentes se reorganizaram como indivíduos e sociedades. Essas condições circunscrevem as epistemologias da liberdade às quais me refiro. Elas não constituem um sistema fechado e resolvido à maneira de dogmas identitários. Sem abrir mão da análise das questões identitárias, da relevância e das contradições dos lugares de fala, essas epistemologias se desdobram através do diálogo de várias áreas do conhecimento (história, sociologia, antropologia, literatura, cinema, teatro, música, artes plásticas). De modo evidente, as espistemologias da liberdade recusam o colonialismo, o racismo, a violência contra mulheres, negros, indígenas, pessoas trans, homossexuais, gays, lésbicas, comunidades tradicionais. Ao mesmo tempo, disseminados nessas epistemologias, se entreveem propostas de democratização do conhecimento, de melhor distribuição da renda, de preservação do meio ambiente. Essas epistemologias ressaltam o lugar central da natureza na articulação das relações humanas. Daí a importância das comunidades de terreiro, das práticas do sagrado de matrizes africanas e indígenas que nos reconectam com o desejo de uma ordem social marcada pelo equilíbrio de forças e não pela hierarquização violenta das relações sociais.

7. VOCÊ TERIA ALGUM "CASO" PARA CONTAR SOBRE A MAZZA. O QUE CHAMA SUA ATENÇÃO EM RELAÇÃO A ELA?

R: Em 1992, a Mazza editou o livro *Mundo encaixado: significação da cultura popular*. Aproveitamos o lançamento, que ocorreu na Assembleia Legislativa de Minas Gerais, para realizar um encontro entre as Comunidades dos Arturos (Contagem) e de Mato do Tição (Jaboticatubas). Naquela época, era difícil deslocar as comunidades. Pela primeira vez as famílias dos Arturos e dos Siqueiras iriam se encontrar em Belo Horizonte. Fato interessante é que, em tempos bem anteriores, os Siqueiras tinham recebido a visita, em Jaboticatubas, de um representante dos Arturos. O lançamento do livro Mundo encaixado representava, portanto, um reencontro muito esperado. O fato é que chegamos à Assembleia Legislativa bem antes da hora marcada para o lançamento. Os Arturos, os Siqueiras e um grande número de pessoas presentes começaram a cantar pontos de Candombe, do Congado. Fizeram brincadeiras de roda e de batuque. Em algum momento alguém se lembrou que se tratava do lançamento de um livro, no qual contavam histórias dos Arturos e os Siqueiras. Porém, o livro não tinha chegado. Com a alegria pelo reencontro, animados pelo canto e a dança, todos nós havíamos nos esquecido do livro. Os exemplares ficaram na sede da Mazza Edições, no Bairro Pompeia. Os livros chegaram, finalmente, mais tarde. E, a essa altura, a festa dos Arturos e dos Siqueira prosseguia, nos ensinando que a vida nos surpreende dentro e fora dos livros.

A CASA EDITORIAL

Edimilson de Almeida Pereira[10]

A Maria Mazarello Rodrigues

Livros editados são públicos e pessoais.
São lenço em que as letras não secam
e não se dão a todos, íntimos postais.
Múltiplos, preferem os bares mais
que as gavetas. Únicos, reconhecem
quem os costura. Fazê-los não é leve,
mas trabalho em que a tecnologia
é artesanato. Religião e números
circulam no operário que mergulhado
nesse templo nem o percebe oficina.
Nem o percebe gráfica de seu sustento.
O que faz livros se faz com eles.

10 Poeta, ensaísta e professor na Faculdade de Letras da UFJF.

SOBRE RACISMO ESTRUTURAL

Maria Mazarello Rodrigues[11]

Na realidade, penso que a criação de uma Editora como a MAZZA no cenário editorial brasileiro, desde seu início em 1981, tem sua origem nos perniciosos racismos e preconceitos entranhados no Brasil desde o seu nascimento como nação.

Primeiro, com a dizimação sistemática da população indígena, legítimos senhores da *terra brasilis*, com a chegada aqui dos portugueses, que se arvoraram em "descobridores" do Brasil.

Mais tarde, chegou a vez dos negros, traficados na África e escravizados por aqui, considerados simplesmente como mercadorias, não como seres humanos, sem alma, sem vez e sem voz.

Foi, portanto, o sofrimento e a humilhação que sofreram nossos ancestrais, o fermento que nos moldaram e inspiraram para empreendermos, nós negros, nas mais diversas formas, em áreas diferenciadas, o resgate que eles nos legaram, fortalecendo o combate ao racismo estrutural que ainda impera, e parece ainda ter longa vida em nosso país.

[11] Editora, Jornalista pela Universidade Federal de Minas Gerais(UFMG) e mestrado em Editoração pela Université (França).

RACISMO ESTRUTURAL

Conceição Evaristo[12]

Nós temos um racismo estrutural nas instituições brasileiras. As mulheres negras são as que mais morrem de parto no Brasil, tem também os assassinatos de jovens negros, principalmente das periferias.

Há uma tendência de dizer que o problema no Brasil não é racial, mas social. Nós afirmamos com muita ênfase que a pobreza no Brasil tem cor. É muito mais fácil para um sujeito branco pobre ascender do que um sujeito negro pobre. Ambos podem partir do mesmo lugar, mas é muito mais fácil para o branco vencer determinadas barreiras.

Chegar ao doutorado, pensando as minhas origens, é muito significativo. Terminei meu doutorado com 65 anos. Aí já se vê uma defasagem muito grande. As nossas conquistas são muito mais difíceis. Quando fui fazer o mestrado, na PUC do Rio de Janeiro, estava com 44 anos. Hoje já temos famílias negras que conseguem garantir estudo para os filhos numa faixa normal. As nossas conquistas são mais tardias. A gente acha bonito ver uma pessoa estudar, ou se alfabetizar, já idosa. É bonito e triste. Não é motivo para virar manchete no jornal: velhinho com 80 anos aprendeu a escrever o nome. Gente. É motivo de vergonha para o Estado brasileiro que só nessa idade alguém entre na escola.

Esses assuntos são tratados no Brasil por alguns segmentos sociais de maneira agressiva. Nós recebemos uma resposta por sermos conscientes. Nós temos dito que, cada vez mais, o racismo brasileiro sai do armário.

---

[12] Escritora, romancista, poeta, contista e Doutora em Literatura Comparada.

O PENSAR:
COMPORTAMENTOS COLONIALISTAS OBSERVADOS A PARTIR DA MEMÓRIA ANCESTRAL KILOMBOLA

Makota Cassia Kidoialê[13]

Sankofa: "Nunca é tarde para voltar e apanhar o que ficou atrás. Símbolo da sabedoria de aprender com o passado para construir o futuro." Provérbio Akan (NASCIMENTO L.; GÁ, 2009, p. 40-41)

13 Nome ancestral. Nome civil: Cassia Cristina da Silva. Mestra e professora no Programa de Formação Transversal em Saberes Tradicionais da Universidade Federal de Minas Gerais. É liderança comunitária no kilombo urbano e candomblé *Manzo Ngunzo Kaiango*, e autora do livro Manzo Ventos Fortes de Um Kilombo. Militante do Movimento Negro Unificado (MNU), do Coletivo "Mães Pela Liberdade", e responde pela coordenação do Projeto Kizomba. Exerce o cargo de Conselheira Nacional de Cultura- Setorial Expressão Afro, do Ministério da Cultura (MinC) e sempre atuou em defesa e pela manutenção das políticas públicas de caráter afirmativo dentro e fora da sua comunidade, com o intuito de: a) garantir a contínua transmissão do conhecimento da ancestralidade negra para a população; b) quebrar as barreiras e preconceitos existentes contra a população negra brasileira; c) contribuir para o desenvolvimento da cidadania com respeito a diversidade e a diferença; d) colaborar efetivamente no fortalecimento das lutas contra o machismo, racismo, intolerância religiosa e todas formas de discriminação, em defesa dos direitos humanos.

Sankofa, cuja tradução para o português refere-se à sugestão: "volte e pegue" (san – voltar, retornar; ko – ir; fa – olhar, buscar e pegar), ensinando-nos que "nunca é tarde para voltar e apanhar o que ficou para trás". Trata-se de uma palavra-provérbio acompanhada de um desenho-símbolo em formato circular, uma forma de oralidade escrita ou de escrita oralizada.

Constituindo-se em um elemento do conjunto ideográfico *Adinkra*, *Sankofa* inspitou esta minha escrita, que vem como um desabafo sobre o pensamento colonialista que rege as relações sociais e os modos de funcionamento do Estado brasileiro, pautado na criminosa racialização feita pelos europeus e estadunidenses escravocratas, que dividiu a espécie humana nas raças negra, amarela e branca. E colocou as pessoas negras e indígenas nas condições de subalternidade que ainda marcam a contemporaneidade.

A racialização plantou no imaginário social, as falsas ideias de que a raça branca, composta pelos escravocratas europeus, norte-americanos e a sua descendência é branca, superior e naturalmente bela, inteligente, limpa e capaz para o exercício do poder sobre os outros grupos; a raça amarela, formada pelos povos originários que tiveram suas terras invadidas pelos colonialistas e escravistas possui uma inferioridade mediana, é selvagem, pagã e preguiçosa; e a raça negra, constituída das pessoas africanas que foram sequestradas, traficadas e escravizadas no Brasil, bem como de toda a sua descendência. Essas, segundo a "lógica ilógica e cruel" do pensamento colonialista, encontram-se abaixo da condição humana e, por isto, são inferiores, feias, sujas, boçais, selvagens, incivilizadas, ignorantes e apropriadas para o trabalho escravo e as condições de sobrevida mais degradantes possíveis.

Mas, a racialização também passou a fortalecer diversos recursos para que o Estado brasileiro exerça o biopoder sobre nós, ou seja, uma contínua disciplina e regulação dos corpos, mentes e vidas de pessoas indígenas e/ou negras que somos.

Desde sempre, o Estado e a sociedade brasileira insistem em criar ações e leis que têm o propósito de nos tratar e manter enquadradas/os nos conjuntos de mentiras inventadas sobre nós e que, portanto, desqualificam e desprezam o nosso modo de pensar.

Para permanecer no poder, a raça branca cria e defende o cumprimento de uma série de leis que defendam os seus interesses de manutenção da posse das terras e riquezas que foram invadidas e exploradas pelos seus antepassados colonizadores à custa da escravização e extermínio das populações indígena e negra.

Assim, a legislação feita pela raça branca nunca nos beneficiou. Ao contrário, ela desqualifica e até demoniza os conhecimentos, culturas, crenças e estilos de vida das populações negra, quilombola, indígena e das favelas. Isto ocorre, porque os idealizadores dessas leis não compreendem que nós, as pessoas pertencentes a esses grupos vivemos outras culturas, orientadas pelo pensamento de valorização do coletivo e, por isto, nossos modos de nos relacionar, trabalhar e administrar os bens, finanças e saberes sempre dizem respeito à partilha, solidariedade, respeito, compaixão e ajuda mútua.

O fato que melhor exemplifica essa afirmativa é a Lei da Abolição da Escravatura (1888), popularmente chamada de Lei Áurea, pois como o seu conteúdo não considerou o nosso pertencimento à espécie humana, as nossas condições básicas de sobrevivência, e ainda, o reconhecimento, respeito e a necessária titulação das terras ocupadas por essas comunidades tradicionais não foram asseguradas até os dias de hoje. Demonstrando o cruel objetivo da raça branca de continuar regulando, oprimindo e explorando os nossos corpos, mentes e vidas.

Essa situação só começou a mudar a partir da III Conferência Internacional contra a Xenofobia, Racismo e Correlatas de 2001, realizada pela Organização das Nações Unidas (ONU) em Durban-África do Sul. Neste evento, o abandono estatal e as inumanas condições de sobrevida das pessoas negras, indígenas, bem como as das favelas e quilombos foram devidamente justificados e denunciados ao mundo, por suas/nossas lideranças. As diversas pesquisas que fundamentaram essas denúncias orientaram o preparo de uma série de leis de definição e regulamentação territorial para os povos dos Kilombos e políticas afirmativas. E esses grupos sociais passaram a pressionar os poderes legislativo, judiciário e executivo para a sua efetiva aprovação e implementação.

As demandas de titulação territorial dos Kilombos implicam reconhecimento social, jurídico e estatal das jornadas de lutas, histórias de fundação e culturas dessas comunidades tradicionais e isso, de certo, eleva e fortalece a consciência identitária dos quilombolas.

Dessa forma, apesar da lentidão do desenvolvimento desses processos, nossos esforços seguem firmes, para que os quilombolas conquistem os títulos de posse dos seus territórios e que o mesmo ocorra com as populações indígenas, de terreiro e das favelas.

Também lutamos para que o Estado assuma suas responsabilidades e elabore políticas voltadas para as justas reparações dos danos causados pela escravidão e o racismo, e também, pelas graves consequências da pandemia da COVID-19 que têm atingido especialmente as referidas populações negras, quilombolas, indígenas e das favelas. Já que nossas lutas têm sido cada vez mais intensas, seja para recebermos as vacinas necessárias para a nossa imunização contra o COVID- 19. Para enfrentarmos a aliança dos problemas gerados pelo desemprego e a crise socioeconômicas que, à revelia da falsa abolição de 1888, sempre foi imposta à nós, com as enormes dificuldades de trabalho remunerado intensificadas pela COVID-19.

Penso que as pessoas brancas que insistem em permanecer no poder vivem confinadas em uma bolha de privilégios e, por isto, além de serem capazes de compreender, aceitar e respeitar o nosso pertencimento à espécie humana, elas também não conseguem (ou não querem) compreender nossas necessidades e direitos humanos. Essas percepções mostram o quanto que a hegemonia branca sempre se comportou e continua equivocada a nosso respeito. Confirmando que esse equívoco sempre orientou, e continua orientando seu comportamento colonizado.

No geral, a raça branca se especializou na exploração da nossa mão de obra, mas não aprendeu a trabalhar tornando-se, por isso, totalmente dependente do nosso trabalho e inabilitada para entender as nossas extraordinárias resistência e determinação. A maioria absoluta das pessoas brancas tem a necessidade de reafirmar o discurso colonial de que nós, descendentes de povos africanos, não temos alma, pois essa falsa convenção "justifica" a nossa permanência em condições sociais sub-humanas. A nossa inferiorização é fundamental para sustentar a ilusão de superioridade delas, mas esse comportamento é igual ao dos colonizadores, que são os antepassados dos sujeitos brancos do nosso tempo.

Conciliados com a Igreja católica e, por isso, apresentando-se como quem agia em nome do Deus Cristão, os colonizadores investiram pesadamente no processo de "coisificação" das pessoas indígenas e, principalmente, das africanas e da sua descendência nascida no Brasil, como forma de "justificar" toda opressão e exploração das vidas, conhecimentos e mão de obra dos povos originários da América do Sul e da África no nosso país.

Assim, os colonizadores utilizaram a estratégia da inferiorização para fazer com que as etnias africanas aqui escravizadas "pudessem" serem tratadas socialmente mercadorias e subjugadas aos interesses deles, autodeclarados brancos. Isto, além de resultar na destruição de nossos vínculos familiares e ancestrais, na troca aleatória e abusiva dos nomes das pessoas africanas, na demonização das suas Entidades espirituais, na proibição dos seus rituais religiosos, e na imposição da religião católica. Arrastou a desgraça da escravidão para a história subjetiva e familiar de nossos povos tornando-a quase uma parte de nós mesmos, pois, ao dificultarem e/ou impedirem o nosso contato com as nossas origens e famílias, essas práticas opressivas desencadearam em nós, um gravíssimo e contínuo sofrimento psíquico e social.

após dia, somos obrigadas a lutar para não nos deixar abater por esse tipo de sofrimento, mas, a perversidade consequente da opressão racial se alastra ferozmente, corroendo todos os tipos de relações compulsoriamente exercidas entre pessoas negras, kilombolas e das favelas, e as brancas nos mostrando que muitas dessas últimas ainda não evoluíram em seu modo de pensar e seu agir.

A maioria das pessoas brancas encontra-se, subjetiva, racional e espiritualmente soterrada na era colonial e, deste modo, ela ainda insiste em falar por nós, pensar por nós e agir conosco, como se fôssemos incapazes de raciocinar, coordenar, organizar, administrar nossas vidas, nossos negócios, nossos terreiros e até mesmo, cuidar bem das nossas próprias casas, corpos e vidas.

Ao que me parece, em linhas gerais, as pessoas brancas ainda não conseguem ver o processo colonialista e o regime de escravidão no seu característico sentido de barbárie e, por isso, elas reconhecem as práticas escravistas de estupro das mulheres negras e indígenas, dos açoites, privação de liberdade, comercialização e tráfico de seres humanos, entre outras, com os mais terríveis crimes que a humanidade já realizou (e ainda realiza).

Ainda hoje, essas pessoas agem como a nossa liberdade, vida e trabalho dependessem da tutela delas se nós, pessoas negras e indígenas.

Mesmo que ainda seja uma liberdade limitada e ordenada pelas opressões simbólicas, que recebem reforço na ausência de políticas que as combata de forma efetiva.

A raça branca goza de um ilimitado privilégio social, pois, desde o colonialismo propriamente dito, os crimes cometidos belos brancos em nome de um deus cristão, mas em prol da exploração de alguns povos (indígenas e africanos), para o acúmulo de riquezas para outros (europeus, a princípio), leia-se: roubo, sequestro, expropriação, apropriação, extermínio em massa entre outros continuam impunes, mesmo porque, eles ainda não são considerados crimes pelo judiciário e Estado brasileiros. Porém, o que me deixa mais perplexa é o fato de que as pessoas brancas pensam que devemos ser gratas, pela invasiva, arrogante e desnecessária tutela que elas insistem em tentar nos impor, com a expectativa de que aceitemos viver de suas sobras de bom grado e submissas.

Não devemos nomear ou tratar como ingenuidade o que é perversidade. Pois, por se julgarem superiores, deveriam ter e exercitar a capacidade de refletir, se responsabilizarem e ressignificar a relação com o mundo ao se destituírem da arrogância como postura, especialmente diante nós, pessoas negras e indígenas os símbolos de nossa cultura, nossa religiosidade e nossos modos de vida. Nossos antepassados sobreviveram e nós sobrevivemos graças à nossa capacidade de ressignificar um modo de viver diante dos horrores e das limitações das violências coloniais, bem como ainda o fazemos nos dias atuais. Graças a nossa capacidade de nos organizarmos, e até mesmo de manter nossas crenças e modos de rezar em um regime de intensa perseguição racial. E se hoje conseguimos chegar até aqui como população majoritária, não foi por gratidão de nenhum colonizador ou do Estado que o sucedeu. Portanto, a manutenção de nossa cultura, os símbolos de nossa existência e presença no mundo, bem como nossa sobrevivência como corpo físico e identidade racial, a tantas etapas sucessivas de tentativas de nossa dizimação, informa que não somente temos uma alma, mas toda uma ancestralidade que recobre nossa humanidade, e que ainda assim, dispomos de cuidados a esses outros, por entendermos que carecem de um sentido de alma e de inteligência emocional e relacional.

Parece que a ilusão da superioridade torna as pessoas brancas (talvez nem todas) muito pequenas em seu pensar, o que de fato nos atrapalha a caminhar para uma relação humanitária a partir da qual, reciprocamente nos enxerguemos e nos interpretemos como iguais. Compartilhando, mutuamente de uma humanidade plena, na qual a regra da diferença (diferente da regra do racismo) sirva apenas para os aprendizados daquilo que ainda não nos foi apresentado.

Porém, como diz uma de nossas grandes referências no enfrentamento ao racismo, Assata Shakur, "podem prender nossos corpos, mas jamais vão conseguir aprisionar nossas mentes". Mentes são solos férteis de possibilidades infindáveis. Foi assim que nossos ancestrais sobreviveram e superaram ao racismo e a sociedade colonial e mantiveram suas tradições, conhecimentos e saberes vivos. Fazer de nossos pensamentos estratégias para nos multiplicarmos, pois sabemos muito além, do quanto somos capazes de um pensar a partir de nossas matrizes existenciais, um pensamento enegrecido. Pois, uma das facetas do racismo e das violências coloniais e contemporâneas ao subjugar pessoas negras de várias formas, é nos forçar a aderir a um pensamento embranquecido, ou seja, a uma ideologia racial a partir da qual julgamos tudo que seja branco e oriundo de sua cultura seja mais valioso. Assim, muito mais que um desejo embranquecido, que significaria a "confirmação" de adesão á ideologia da superioridade racial branca, ao reforçar os aspectos das matrizes culturais africanas e afrodescendentes, reforçamos não somente a igualdade como discurso, mas como um fato existencial e concreto originário da gênese de quaisquer povos. Buscamos ainda, sensibilizar ou incutir um senso de humanidade, a estes que batem em nossas portas e se sentem superiores, que acreditam que lhes devemos gratidão, mas não passam de ossos de um corpo seco, sem essência. Foram e continuam corrompidos pelo racismo e pela ilusão da superioridade.

Todo esse apego cultural da colonização tem alimentado o racismo e permitido sua permanência no tempo, bem como nutrindo-lhe de mais força e o tornado cada dia mais violento, mais exterminador, nessa tentativa embraquecida de não aceitar que perdeu o poder sobre nós. Na verdade, um poder que nunca tiveram, muito embora tenham construído uma estrutura ideológica opressiva persistente o bastante para causar desigualdades reais que, por ignorância ou má fé, foram lidas como justificativas legitimadoras do discurso racista. E numa atitude nostálgica, agem como se isso ainda fosse possível retornar. Usam das estruturas governamentais para impulsionar o genocídio do povo preto. Apropriar dos espaços de poder para construir e legitimar um discurso de ódio oficial, talvez por vergonha da responsabilização pelas violências seculares e pela arrogância de não se virem como iguais. Precisamos admitir também a hipótese do temor da reparação material, uma vez que um dos elementos que dá a sensação de superioridade nessa sociedade regida pelo dinheiro, é a diferença econômica que proporciona o acesso a bens e serviços considerados raros. Assim, temem admitir que o motivo do qual tanto se orgulham, na verdade, deveria ser motivo de vergonha por ser produto da expropriação e exploração de outros povos. A questão é que a colonização, o Estado racista e a branquitude nos tiraram (povos indígenas, africanos e afro-descendentes), e ainda tentam nos tirar, elementos que são irreparáveis. Por isso não vou admitir que pensem, fale, ou decidam algo de mim para mim, sem nós.

Ainda assim eu volto a cuidar do meu lugar para torná-lo possível para nosso povo, nossos animais, nossas árvores, nossa água e o fogo, tudo contra um pensamento colonial. A responsabilidade deve ser colocada à frente, legitimando e honrando os compromissos de solidariedade e igualdade compartilhados mutua e reciprocamente em favor de um projeto humanitário consistente e coerente com a sociedade na qual vivemos e reconhecemos em sua origem.

A história que construiu as diferenças entre os povos como sinônimo de níveis hierárquicos de humanidade precisa ser refletida à luz da sociedade pretendida nos discursos, como instrumento de restituição da alma desse povo que, "desde o início, por ouro e prata olha quem morre, então veja você quem mata", como nos lembra o Racionais MC's, se perdeu na própria ganância e busca pela riqueza. Vale lembrar, que um povo sem alma é como se fosse uma comunidade de fantasmas, em que nem toda riqueza do mundo seria suficiente para garantir paz entre as mulheres e homens na terra. O racismo é o legado e a experiência de um povo sem alma.

Por esta causa, a nossa luta kilombola não se encerra por aqui. Em outras palavras, penso que a gente passou pela porta, mas ainda é preciso arrancar a fechadura e jogar a chave fora, para que as políticas públicas sejam igualmente acessíveis para os povos negros, indígenas, quilombolas e das favelas.

OLHA O NEGÃO, AÍ!!!

Maria Célia Nunes Borges[14]

Olha o negão aí, Sr. Barão!
Disse o comerciante, antes de iniciar o leilão, apontando um angolano traficado, recém desembarcado.
-O negão tem bons dentes, é forte e tem canela fina; aguenta o tranco da lavoura e o tronco, se assim for de precisão. Depois de batizado pelo vigário, vai ficar limpo, de alma branca.

Olha o negão, aí!
Grita o capitão do mato, apontando o escravizado fugido, que se escondera na mata, a caminho do quilombo, única forma possível de retornar às suas raízes e à terra natal, construídas aqui, e de realizar o tão almejado sonho de liberdade.

Olha a sua neguinha aí!
Pensa a sinhá, com sorriso de ironia e gosto de vitória. Na véspera, o distinto barão havia comentado, com um amigo, com ares libidinosos, seu desejo de usufruir das carnes tenras e suculentas da escravizada adolescente, adquirida recentemente. A Sinhá, esposa, que havia ouvido a conversa, por detrás da porta, preparou, então, um "saboroso" cozidão de mandioca e milho, com as carnes da jovenzinha, para que o marido pudesse saborear a carninha doce e tenra, que tanto desejava.

[14] Professora aposentada- Cefet-MG e contadoras de histórias desde 2005.

Olha o negão aí!

Comenta o empertigado senhor, com arrogância e tom de desprezo, ao ver entrar no recinto do Tribunal, o Juiz negro que presidiria a sessão de julgamento do réu, escravizado acusado pelo assassinato de seu senhor, que vendera sua esposa e filha recém nascida, para senhores de distintas regiões do País.

Olha a nega rebelde, aí!

Ri, com escárnio e ódio mal contido, o senhor que levara uma pedrada na cabeça, dada por uma escravizada, ao se defender da lascívia incontida e truculenta do senhor, que tentava estuprá-la. Agora iria sofrer, amarrada ao tronco, as feridas abertas na carne pela chibata, manifestação do poder incontestável do mandatário branco.

Olha o Negão, aí!

De cacetete em riste, o policial aponta o Mestre Capoeira que jogava sua ginga com arte, beleza, destreza e agilidade, na roda de Capoeira. À volta dele, jovens entusiastas, batiam palmas e cantavam, ao som do berimbau, ansiosos pelo honroso convite para o desafio, no centro da Roda.

Olha o Negão, aí!

Disse intimidado o jornalista, se referindo a Gregório Fortunato, o Anjo Negro, chefe da guarda pessoal de Getúlio Vargas. Estava ali, na Academia Brasileira de Letras, a pedido do jornal de oposição Tribuna da Imprensa, para cobrir discurso do Presidente.

Olha a negrada, aí!

Diz um importante Senador da República, com ares de reprovação, se referindo à lista dos estudantes negros, oriundos das Escolas Públicas, que conseguiram, mediante desempenho favorável no ENEM, ingressar nas Universidades públicas, através do sistema de cotas.

Olha a negrada, aí!

Líder de Movimento Supremacista, que tenta justificar a superioridade do branco, ao mostrar dados estatísticos que registram os altos índices de pobreza, desemprego e subemprego, favelização, população carcerária e exclusão social da população negra.

Arremata sua convicção ao dizer: "No Brasil não existe conflito racial, porque aqui o negro reconhece o seu lugar"

Pega mais esse negão, aí!

A polícia do Rio de Janeiro entrou na favela do Jacarezinho (RJ), provocando uma verdadeira carnificina; 28 pessoas mortas, um policial e 27 moradores. Esse assunto não dominou as redes sociais, os meios políticos, as conversas de botequim, não provocou choque nas pessoas; afinal eram pobres, negros e "bandidos", como disse uma importante autoridade da República, antes mesmo de ter conhecimento da identidade das vítimas. A barbárie se naturalizou.

SEGREGACIONISMO X RACISMO ESTRUTURAL

Evandro Passos[15]

Nos últimos anos temos ouvido muito falar sobre racismo estrutural ou institucional, o que tem me levado a refletir sobre o tema. Receio que possamos esvaziar e amenizar a discussão sobre o racismo no Brasil, me apoio na ideia de um atenuante do indivíduo racista que pode livrar-se de qualquer culpa por seus atos, transferindo-os para as instituições.

Não podemos perder de vista que as estruturas institucionais são compostas por indivíduos, com ideologias e preconceitos pessoais, muitas vezes com privilégios da branquitude. Heranças seculares de familiares, das quais não querem abrir mão. O que para todos os negros e negras e também para os movimentos sociais que os apoiam pode ser um retrocesso sem precedente.

O mito da democracia racial persiste e nos atormenta, na tentativa de desmobilizar a luta da população negra contra o racismo, a discriminação racial e o preconceito, ao afirmar que no Brasil ele não existe.

Para além da luta pela reprovação a atos racistas, convivemos hoje com o desmonte de políticas de ações afirmativas, como as cotas para negros nas universidades e nos serviços públicos conquistadas nos últimos anos, a partir da luta do Movimento Negro e da população afrodescendente que perfaz mais de 56% da população brasileira, pelos índices do IBGE, por melhores condições de vida.

---

[15] Mestre em artes cênicas, ator, professor de dança afro, bailarino, coreógrafo e fundador da Companhia Bataka. Nascido em Diamantina.

Ao receber o convite para escrever este artigo, tendo como proposta o racismo estrutural e institucional escolhi ater-me a minha trajetória de homem negro, artista e ativista afrodiásporico. Trago relatos pessoais marcados por atos racistas, o que obviamente respinga em algumas instituições e estruturas pelas quais passei, como aluno, professor e profissional.

Nos, negros e negras, quando falamos das mazelas e dos "tentáculos do racismo a brasileira", dificilmente esquecemos dos nomes dos indivíduos que nos macularam com atos e atitudes pejorativas e discriminatórias. Não desejo aqui de forma alguma inocentar de qualquer culpa e/ou responsabilidade as instituições e empresas onde estes trabalham, mas pelo contrário mostrar o quanto auxiliam na perpetuação do racismo no Brasil. Devemos observar e analisar o indivíduo assim como a estrutura a qual ele serve para entendermos e combatermos o racismo pessoal e estrutural.

Trago para esta discussão fatos concretos e relatos pessoais de minha trajetória de vida, desde criança no interior de Minas Gerais, mais especificamente em Diamantina, cidade aurífera onde nasci. Cidade onde morou a célebre Chica da Silva. Mulher negra símbolo de resistência, resiliência e ressignificação identitária do povo preto. Porém, para as famílias não negras ela sempre foi motivo de vergonha para a cidade, uma vez que sua história era deturpada e mal contada. Referiam sempre a ela com adjetivos pejorativos - amante, destruidora de lares e dos bons costumes das famílias mineiras, etc. tais atributos negativos ultrapassaram os limites de Diamantina, persistem em livros didáticos e nos discursos de alguns historiadores e pesquisadores até hoje. É o que considero de racismo educacional\institucional.

Felizmente, Após 1975 a história desta senhora negra ganha contornos cinematográficos. Não vou aqui me adentrar no enredo dado ao filme pelo diretor, isto é tema para outro artigo. Mas sendo diamantinense não posso omitir que após a exibição do filme e a abrangência que o mesmo teve em nível nacional e internacional, a cidade passou a referenciar a negra Chica com outros atributos e sua história torna-se orgulho para muitos outros.

Isto mostra o quanto o racismo e o preconceito a brasileira se reinventa, de acordo com as conveniências e os com os interesses pessoais e econômicos da sociedade. Hoje em Diamantina, Chica da Silva é enaltecida em pé de igualdade ao seu filho mais ilustre, Juscelino Kubstichek. Aquele que a elite branca sempre o enalteceu como símbolo municipal. Depara-se na atualidade com inúmeros estabelecimentos comerciais e pousadas com o nome de Chica da Silva.

Durante minha trajetória escolar em Diamantina eram comum atos de preconceito e racismo explícitos nas escolas por parte de algumas professoras, muitas delas referendados pela direção das instituições de ensino. As turmas eram estruturadas, não pelo conhecimento e avaliação dos alunos, mas pela cor da pele ou condição econômica dos mesmos. Alunos ricos e brancos iam para uma turma, enquanto os brancos pobres misturavam-se aos negros nas demais turmas.

Nesses espaços, "educacionais", tive minhas primeiras experiências com atos de exclusão, racismo e negatividade em relação aos corpos negros, sem nenhuma complacência dos indivíduos que dirigiam tais instituições. Devo ressaltar que passei por várias instituições, onde o racismo me afligia. Muito cedo percebia as exclusões, o não dito, os olhares, só não sabia nominá-las. Triste realidade que me incomodava profundamente. Atitudes com o aval de quem deveria educar e nos acolher.

Importante mencionar que estas mazelas do racismo eram e são muitas vezes superadas no aconchego familiar, por pais e irmãos negros. Acolhendo-nos e nos fortalecendo, pois já entendiam, sabiamente, que assim poderiam nos livrar dos traumas e males que o racismo poderiam nos causar. O afeto familiar e o aquilombamento entre outras famílias negras sempre foi necessário e confortante. Afetos familiares que nos fortaleceram para enfrentarmos a perversidade que é o racismo no Brasil. O que seria impensável sem o aconchego familiar.

Meus pais duas pessoas negras, de hábitos simples, mas que já entendiam a necessidade de empoderar seus 11 filhos negros, numa sociedade e país onde todos os privilégios sempre foram reservados aos brancos e onde as estruturas institucionais sempre o protegeram. Sabiamente meus pais diziam: "Saibam quem são vocês, de onde vieram e não desistam jamais de seus sonhos e desejos". Isto foi primordial para que não nos perdêssemos e não deixássemos que o racismo nos aniquilasse. "A perversidade do racismo no Brasil deixa marcas indeléveis tamanha a violência e as nuances reafirmava sempre meus pais."

Ao deixarmos a cidade de Diamantina, partimos rumo à capital mineira por motivos profissionais do meu pai e nos vimos obrigados a enfrentar a nova realidade assustadora que se apresentava. Experiência bastante desafiadora para todos nós.

Mais uma vez me recordo da sabedoria do meu pai, aquele senhor negro altivo, pedreiro, funcionário público e músico nas horas vagas, que ao chegar a Belo Horizonte reuniu os filhos em torno de uma mesa e disse: "Veja bem, em Diamantina, eu conhecia quase todos da população, aqui em Belo Horizonte não conheço ninguém, portanto, aqui será vocês com vocês mesmos e se protejam, pois aqui o racismo é cruel. A exclusão por aqui ganha contornos maiores e mais violentos que Diamantina, fiquem atentos". Foi assim que meu pai nos alertou sobre as mazelas do racismo, atitude que muito nos protegeu e fortaleceu.

Em Belo Horizonte redobrei os cuidados comigo e com meus familiares. Agucei meu olhar para o racismo. O que não significa que nos livremos dele e de sermos vítimas, porém nos deixa mais preparado para não sermos aniquilados. Aniquilamentos que podem vir de várias formas, como o vivenciado por mim na adolescência.

Saí de casa para procurar trabalho e pela minha idade o trabalho mais viável na época seria de *Office Boy*. Diariamente recortávamos anúncios nos jornais para trabalho de Office Boy e em vários anúncios parecia em letras garrafais – "Precisamos de Office Boy com boa aparência". Anúncios iguais a este sempre excluíam negros. Afinal o que quer dizer boa aparência? Porém eu não compreendia o teor daqueles anúncios. Mas meus irmãos e minhas irmãs mais velhas procuravam alertar-me. Até que um deles me chamou e relatou: - Evandro veja bem todos os anúncios onde você ler, pessoas com boa aparência, nem recorte, não vá, na realidade estão à procura de garotos brancos para ser contratados.

Enfim encontramos um anúncio que não exigia boa aparência. La fui eu para inscrever e fazer os testes. Participei de todo o processo juntamente com pelo menos dez adolescentes, todos de pele branca. Recordo-me que foram vários testes. Com exames que sempre achei chato e sem nenhuma avaliação consistente. Fui aprovado nestes exames e em mais outro posteriormente. Ao final ficou apenas eu e no dia seguinte deveria ir para conversar com uma pessoa do RH. No meu entender já seria para assinar documentos e iniciar meu primeiro trabalho como Office Boy na capital mineira. Vesti a melhor roupa que havia trazido de Diamantina. Minha mãe zelosa, como sempre, verificou se estava tudo em ordem com a roupa. Ela fazia questão de olhar todos os filhos antes de sair. Isto era uma tradição em Diamantina, antes de irmos para escola ou festas, o que se manteve em Belo Horizonte.

Ao adentrar a sala da senhora do RH ela me olhou de cima a baixo e proferiu: "Veja bem, você foi excelente em todo o processo, o melhor em todos os testes, mas infelizmente não poderá ser contratado, você mora longe".

Confesso que fiquei atordoado e sem palavras o susto foi muito grande, pois o bairro onde morava ficava apenas 25 minutos até o centro de Belo Horizonte, onde seria o trabalho. Cheguei em casa triste, cabisbaixo, arrasado e mais uma vez meus pais e os irmãos foram meu esteio. Sem mencionar para mim que aquele foi uma ação racista, porém suas palavras e atos de incentivo foram essenciais. Eu só consegui compreender a sutileza daquele ato racista alguns anos depois. E a entender como funciona no Brasil o racismo estrutural.

Ao trazer esta passagem de minha vida, mais uma vez chamo a atenção sobre como o racismo estrutural e o preconceito andam lado a lado. Obviamente aquela mulher branca chefe do RH estava cumprindo ordens da empresa para não contratar Office Boys negros, porém acredito que ao fazer parte do quadro de funcionários e não emitir sua recusa em acatar tal exigência ela obviamente estava compactuando e manifestando também o seu racismo pessoal.

As pessoas tem me perguntado sobre o racismo que enfrentamos na atualidade, agora ele saiu de debaixo do tapete ou é porque tem ganhado os noticiários dos grandes órgãos de comunicação. Eu considero que o racismo sempre existiu e ainda vai perdurar no Brasil, pois os resquícios do período escravocrata persiste. A diferença é que agora nós negros perdemos o medo em denunciar. Hoje dispomos de meios, leis que podemos acionarmos. Leis estas muitas vezes ineficazes, porém em um país onde o racista é covarde pode causar algum efeito.

O racismo sempre atingiu a todos os negros sendo mais evidenciado no trabalho doméstico - diaristas, faxineiros/as, babás em prédios de bairros da classe média e alta. Com o avanço das políticas públicas de ações afirmativas, do sistema de cotas em universidades em empregos públicos e com o número de negros e negras em espaços variados, atos racistas vieram a tona com muita violência nos últimos 20 anos. Reflexo do medo que o branco brasileiro tem em perder seus privilégios consolidados.

A população branca brasileira não se conforma com a ascensão da população negra e a ocupação destes espaços que ele sempre esteve no comando e no topo. Sentem-se ameaçados e com receio em perder tais privilégios que sempre tiveram em espaços como universidades públicas, cargos públicos e demais espaços, reduto da homogeneidade branca brasileira.

A realidade é que estes atos racistas irão pipocar cada dia mais, porém terão contrapontos da população negra, ao contrário do que assistíamos anos atrás. O que pode fazer com que os racistas tendem a se esconderem na mídia, com perfis falsos e anônimos, como temos vistos. O que também não os impede de serem descobertos e processados.

Mas e as empresas e instituições! Qual será a punição para estas que camuflam o racismo, o qual chamamos racismo estrutural. Difícil, mas não impossível. Acredito ser possível adentrarmos nestes espaços denunciarmos e cobrarmos programas de combate ao racismo. Exemplo, o que temos assistido em algumas universidades públicas, que com o programa de cotas possibilitou a entrada de uma quantidade grande de alunos negros e negras. Estes e estas alunos e alunas estão tendo um destaque importante ao denunciar atos racistas de professores, funcionários e alunos. Os programas de ações afirmativas têm contribuído enormemente para afirmação da população negra nestes espaços acadêmicos. E a luta contra o racismo institucional e estrutural torna-se sim necessária e urgente. Mas insisto em não perdermos de vista o indivíduo racista.

RADICAL I

Cuti[16]

o ontem passeia no aqui e agora
flor de luz
sorri
o chão reza em sussurros
velas confluindo caminhos
sons de tambor
recriam tímpanos
a paz
estrela no sorriso
de quem não perdeu o senso
a coragem
o sentido
de afrontar o medo
a dor
o perigo
os mortos denunciam outros mortos
e os vivos acordam

16 Mestre em Teoria da Literatura e Doutor em Literatura Brasileira – UNICAMP-Um dos Fundadores e membro do Quilombhoje-Literatura (1983-1984), um dos criadores e mantenedores da Série Cadernos Negros (1978-1993), autor de diversas obras publicadas no Brasil e no exterior.

para perguntar quem lhes impõe o sono
quando o sol despertar inteiro de nossa miséria
será inútil
coagular estética nas veias do poema
os que chegaram à nossa roda
para apunhalar
a verdade pelas costas
à revelia deles
a dignidade está plantada no peito
pelo amanhã possível.

(Poema do livro Kizomba de Nuvens Mazza Edições)

NEGÃO NEGRA

Flávio Renegado[17]

"Nunca foi fácil / Nunca será / Para o povo preto / Do preconceito se libertar / Sempre foi luta / Sempre foi porrada / Contra o racismo estrutural / Barra pesada".

Todos os dias me levanto
Olho no espelho
Sempre me encanto
Com meu cabelo
E a cor da pele
Dos meus ancestrais
Todas as noites no quarto escuro
Peço a Deus à aos Orixás
Que a escravidão não volte
Nunca, nunca, nunca mais
Negão, negão, negão, negão
Negão, negrão, negão, negão
Negra, negra, negra, negra
Negra, neeegraaa" …(…)

Música de Flávio Renegado e Gabriel Moura

17 Cantor e compositor autodidata de rap, funk, hip hop, samba, mpb e reggae brasileiros. Artista com origem na favela apropriou-se de um conciso discurso ativista social.

FALA DE UMA ATIVISTA

Diva Moreira[18]

"O primeiro livro que eu li e me impactou muito, foi de uma autor americano chiquerézimo e que me ajudou demais, porque eu era jovenzinha e eu sofria, a gente sofria muito naquela época. A minha mãe era empregada doméstica, sabe, e agente morava em uma casa que não queriam que eu estudasse. Era uma dificuldade, até com a comida, faziam conta da comida que a gente comia. Então eu era uma menina meio triste, pessimista, sem futuro, tipo assim, sem perspectiva. Daí eu li um livro Como fazer amigos e influenciar pessoas, eu hoje, jamais leria esse livro, mas eu tenho que reconhecer que foi assim basilar, sabe? Eu devia ser adolescente, agora um dos livros mais antigos que eu li, foi Bíblia. Então eu estava em busca de esperança, de saída, de futuro".

ESTUDANDO A LUZ DE VELA

"Um livro que foi muito marcante para mim, é de um autor negro americano, ele dizia o seguinte: "Que nós negros, tínhamos que fazer, três vezes mais que os brancos ou o dobro do que o branco faria pra gente ter reconhecida metade". Então isso me marcou muito e me levou a querer a ser a melhor aluna, sabe, estudar demais. Então a vida inteira, eu estudei muito. E menina negra não

---

18 Professora, cientista política, jornalista e ativista do movimento negro. Memória e Poder – Depoimentos: "Diva Moreira se destaca pela defesa dos direitos da população negra e das mulheres." Disponível em: youtu.be/UUPUC70-v4o
Entrevista disponível em: http://sabaranoticias.com.br/memoria-poder-entrevista-a-ativista-social-diva-moreira/

precisava estudar, sendo que eu já tinha o curso primário, não precisava passar mais do primário naquela época.

Era década de 50 e curso de primário estava bom demais para meninas negras, então eu tinha que estudar a luz de vela, porque a patroa, era duas irmãs, quando ela chegava no quarto e me via com a luz acesa, ela desligava a luz. Foi um período muito pesado para mim, eu era adolescente também e fui para essa cada eu tinha 4 anos de idade, eu saí de lá com 17 anos, então minha mãe tinha que trabalhar demais, era a única empregada, por que era uma pensão e ela fazia de tudo, aquela história de lavar, cozinhar, passar.

Eu fui também trabalhadora doméstica infantil, porque eu tinha que ajudar, eu fui babá, tomei até bomba no Colégio Estadual, porque a gente não tinha tempo de estudar. Era um privilégio, eu era babá de manhã, daí eu saia na parte da tarde para estudar no Colégio Estadual de Minas Gerais e foi uma luta eu estudar no Colégio Estadual, porque essas senhoras falavam que eu não passaria, por que tinha um exame de admissão para o Colégio Estadual. Então minha mãe foi lá para pagar a taxa, falaram para ela que tinha jogado o dinheiro fora então eu fiz o exame de admissão. Eu sou também uma grande devedora de figuras fortes em minha vida, uma delas é uma senhora branca nesta pensão que de uma forma escondida me ajudava e o pessoal não podia saber, por ser quase uma clandestinidade ajudar uma filha de uma empregada doméstica a estudar. Então ela pagava por fora para eu fazer um curso de admissão, aí eu fiz e passei no Colégio Estadual."

MUNDANDO O DESTINO

"Essa mulher maravilhosa que foi a minha mãe Maria de Jesus Moreira, quando estava em Bocaiuva, ela era empregada doméstica lá, ela saiu de lá´ porque não queria que a filha dela fosse o que ela era e que tivesse o mesmo destino. Porque, sabe, eu tenho o maior carinho pelas empregadas domésticas, eu tenho assim uma empatia muito natural com elas, por causa da minha mãe, uma irmã minha foi empregada doméstica. Eu tive várias sobrinhas que foram empregadas domésticas, então para mim é uma profissão do povo da minha família, do povo negro, das mulheres negras. E na sua grande maioria, depois da escravização no Brasil, qual foi o trabalho para as mulheres negras, eram os empregos domésticos, eram lavadeiras, eram as cozinheiras, quituteiras. E o meu destino foi extremamente semelhante ao destino da grandíssima maioria das mulheres negras nesse período pós escravidão. Eu sou filha, aliás sou neta de um escravo, Hilário Moreira, com muito orgulho. Ele tinha marcas no peito, aqueles sabe, queloides marcados no peito, das chicotadas que ele recebia. Então a minha mãe era filha de um escravo e eu neta de um escravo, isso não é uma coisa atípica, a grande maioria das mulheres negras da minha idade, foram as primeiras da sua geração, da sua família, a fazerem curso superior. Então sabe, essa coisa bacana de mudar de destino, de ultrapassar barreira de classe social, era imposta para as mulheres negras naquele período histórico, começou com minha mãe."

UM PAI QUE NÃO EXISTE

"Isso também é típico das famílias negras, ao longo da escravização teve as mulheres negras que engravidavam-se de homens brancos, nesse período da escravização, onde empregadas domésticas, estava ali naquela relação próxima das pessoas da casa, do homem da casa, do patrão, do filho, ou seja, é uma receita da nossa demografia negra, as pessoas serem filhas de um homem que não existe, que engravidou uma mulher negra e que não teve o menor compromisso. E essa pessoa no qual eu sou filha, prometeu a minha mãe, "não você engravidou, pode deixar que eu vou ajudar a você, ajudar a comprar material escolar, a comprar os livros. Eu nunca ganhei dele, já falecido também, nem um lápis, nem uma borrachinha. Então isso, no meu período, hoje não, é fácil para mim falar, porque era um preconceito violento, e eu sou uma geração que escapuliu daquele termo 'bastardinha" eram os filhos bastardos. Mas o som, essa memória da bastardia, ficou muito forte em mim, sabe aquela dificuldade, eu tive com minha mãe. Depois eu superei isso e pedi perdão a ela, a minha mãe também era discriminada, era muito controlada, sabe aquele corpo vigiado, aquele corpo controlado para não exercer a sua sexualidade, ela era empregada doméstica, não podia arrumar mais filhos."

A CONSCIÊNCIA DO RACISMO

A gente sabia da discriminação, tinha consciência da discriminação, mas não politizava isso, não coletizava isso, era tudo assim, "James Baldwin' eu me lembrei do autor, era aquela coisa do indivíduo, você tem que se esforçar, tem que fazer a sua parte, tem que lutar. Não tinha aquela visão do Movimento Negro, das lutas coletivas, dos movimentos sociais. Aquela época não existia, então quando a gente ver a moçada hoje tá assim pipocando, os movimentos de juventudes negras favelada, teatro negro, música hip hop, eu fico extremamente feliz. O cabelo, a gente não tinha, alisava, imagina deixar o cabelo crespo, o cabelo alisado já era uma fator de humilhação na escola, ou seja, naquele período, não tínhamos nenhum amparo, nenhuma referência, não tinha uma figura negra que você olhasse. Eram os estrangeiros James Baldwin, naquela época você tinha, eu sabia de Martin Luther King, eram figuras muito remotas. Eu não conhecia Abdias do Nascimento, o conheci posteriormente, ou seja, não havia essa luta negra próxima a nós. A gente sofria discriminação, se sentia humilhada e as vezes nem voltava naquele lugar.

Cortaram o meu cabelo uma vez, eu devia estar com o cabelo meio assanhado, não sei exatamente como, aí quando eu chegue a escola a professora me presenteou com um apelido infame, como os trilhões de apelidos assim, humilhantes, é isso que as crianças negras recebem. Ela me chamou de 'galinha sureca", olha que coisa mais cruel. E eu era uma aluna excepcional, quando eu cheguei, eu não tinha 7 anos de idade quando eu fui para escola primária, eu já sabia ler e escrever. Sabe aquela coisa, letra bonita e tal? Daí essa professora me colocou esse apelido e eu comecei a matar aula, até que minha mãe soube que eu ficava numa vizinha passando o tempo, até chegar supostamente o horário do final da aula, para voltar para casa. Quando eu contei a razão, ela foi a escola, ela era sempre muito digna, muito forte, mas muito delicada, não deve ter feito nenhum 'barraco na escola, mas foi o suficiente para eu voltar para a sala de aula e aguentar a aquela humilhação.

Agora sabe o chocante, é o seguinte, melhorou essas histórias que eu estou contando para vocês que aconteceram comigo, eu sou uma menina de mais de 70 anos, e quando eu vou conversar com a juventude, a moçada relata a mesma coisa".

RELATO DE UMA ENFERMEIRA

Maria da Conceição Silva Martins[19]

Meu nome é Maria da Conceição, tenho 56 anos, casada, tenho uma filha adolescente de 14 anos. Trabalho na área da saúde há 36 anos, mas antes trabalhei como servente de pedreiro, faxineira, entregadora de salgados e lavando roupas nas casas.

Sempre fui discriminada em relação a minha cor, então resolvi fazer um curso de enfermagem para ajudar a minha família, pois somos muitos irmãos. O meu primeiro emprego foi num hospital, onde fui perseguida, com assédio moral, assédio étnico, até mesmo por enfermeiras e médicos com relação a minha cor, como se a melanina fosse algo que ultrapassasse os limites de dignidade das pessoas, sabe?

Teve um caso de racismo no hospital que eu trabalhei, onde o paciente era claro, pele branca e falou com o médico que fez a sua cirurgia que não queria ser atendido por uma enfermeira negra. Então nesse plantão em que eu estava, o posto médico só tinha negras, enfermeiras negras. O médico atendeu prontamente o pedido desse paciente que era rico, indo em outro setor para trazer uma técnica de enfermagem de pele clara para atendê-lo. Nós ficamos indignadas e porque dentro da negação do atendimento nosso, a gente poderia ser até processada, né? Mas o médico, visou mais o paciente, o dinheiro, ganância, né? Mal lembrando que a enfermeira branca que o atendeu, iria embora, trabalharia ali só meio horário, o restante do plantão seria só a gente. Como poderíamos atende-lo se era racista? Mas mesmo assim até o final do plantão, nós o atendemos dentro do nosso juramento, onde dedicamos nossa vida a serviço da humanidade, independente de razão social, cor e sexo.

---

19 Mineira e enfermeira em Belo Horizonte.

Depois eu vim trabalhar no centro de saúde, onde estou até hoje, há mais de 30 anos e gosto muito do que faço. Trabalho e tenho um vínculo muito bom com a comunidade que é carente e precisa do apoio de todos nós, pois enfermagem não olha perfil, nosso papel é cuidar.

E posso dizer também que a minha filha, como modelo e atriz, sofreu muitos preconceitos, recentemente na escola onde estudava, foi comparada como animal, um macaquinho. Ela sofreu muito, pois como adolescente, está em transição. Mas aos poucos eu fui mostrando para ela o valor que cada um tem, independentemente da cor e do que ela é, onde isso só fez que ela crescesse, desenvolvesse e reconhecesse que cada um planta o que colhe.

Hoje no presente momento, estou até perto de me aposentar, mas a vontade de ajudar o próximo é grande e de ver um Brasil diferente, me faz que eu continue a trabalhar. Porque cada um de nós participa de uma peça de teatro e somos todos filhos de Dandara, cada um tem um pezinho na África, como dizem. Então não é um excesso de melanina que fazem as pessoas diferentes e sim a sua educação, dignidade e respeito ao próximo. Muito Obrigada!

PORQUE EU SOU 'AMARROM"?

Camila Cordeiro[20]

Menina negra... criada pela mãe e avó, que nasceu em uma família onde não tinha ninguém da mesma cor que ela. Quando criança, ela perguntava: porque eu sou "amarrom" ?! Até que aos 7 anos, ela conheceu a família do pai e descobriu de onde veio a cor "amarrom" que ela tanto se questionava. Viu pessoas "iguais" a ela!

Isso é só um relato inocente de criança, pois quando cresceu, Camila viu que a sua cor por mais história que carrega, não deve ser empecilho para objetivo algum!

Por mais que a sociedade mostre o contrário, inferiorizando a cor negra, o cabelo cacheado e a classe econômica, sempre teremos oportunidades se fizermos por merecer!

---

20 Mineira de Belo Horizonte – @camilascordeiro.

3 TROVAS SOBRE RACISMO

Olegário Alfredo[21]

Vamos plantar tolerância
No quintal do civismo
Pois no amadurecimento
Não colheremos racismo.

Lutar com unhas e dentes
É meta mais que certeira
Para enxotar o racismo
Da educação brasileira.

É dever de todos nós
De agirmos por igual
Combater constantemente
O racismo estrutural.

---

[21] Escritor, membro da ABLC –Academia Brasileira de Literatura de Cordel e da ALTO – Academia de Letras de Teófilo Otoni.

DIVERSOS[22]

Margareth Santana[23]

MULHERES QUE FIZERAM HISTÓRIA

"A PRIMEIRA ADVOGADA NEGRA DO BRASIL."

"**Esperança Garcia**, foi a primeira advogada do Brasil mulher, negra, escravizada e provavelmente autora do "primeiro Habeas Corpus" que se tem registro no Brasil. É uma versão resumida do legado de Esperança Garcia. Ela escreveu uma carta ao governador do Piauí em 1770 que a fez ser reconhecida em 2017 como a primeira advogada do estado pela seccional piauiense da OAB.

"**Leia a carta de Esperança Garcia na íntegra:**"

"Eu sou uma escrava de Vossa Senhoria da administração do Capitão Antônio Vieira do Couto, casada. Desde que o capitão lá foi administrar que me tirou da fazenda algodões, onde vivia com o meu marido, para ser cozinheira da sua casa, ainda nela passo muito mal. A primeira é que há grandes trovoadas de pancadas em um filho meu sendo uma criança que lhe fez extrair sangue pela boca, em mim não posso explicar que sou um colchão de pancadas, tanto que cai uma vez do sobrado abaixo peiada; por misericórdia de Deus escapei. A segunda estou eu e mais minhas parceiras por confessar há três anos. E uma criança minha e duas mais por batizar.

---

22 Destaques, resumos, trechos de artigos, entrevistas, depoimentos, expressões racistas, músicas, obras literárias, filmes, séries, documentários, poesia, noticias, 80 falas negras, 41 filmes, séries e documentários, 11 obras infantis,03 trechos de músicas, voz, decifrando, conjugando e noticiando maria mazarello

23 Mineira de Pirapora, Graduada em História, com especialização em Ciências Humanas e Sociais e o Mundo do trabalho, Divulgadora Literária, autora organizadora dos livros Cheiro de Minas 300 anos- Edição comemorativa ao Tricentenário do Estado de Minas Gerais, edição 2020, Laços de Avós, memória afetiva dos avós, edição 2021 pela Páginas Editora

> *Peço a Vossa Senhoria pelo amor de Deus ponha aos olhos em mim ordinando digo mandar ao procurador que mande para a fazenda aonde me tirou para eu viver com meu marido e batizar minha filha"*[24]

"A PRIMEIRA ESCRITORA NEGRA BRASILEIRA"

> *"Com rosto ainda desconhecido, primeira escritora negra do Brasil é redescoberta após décadas de anonimato."*

"**Maria Firmina dos Reis**,[25] considerada a primeira escritora negra brasileira, nasceu na ilha de São Luís, no Maranhão, em 11 de outubro de 1822, pouco depois da proclamação da Independência do Brasil. Seu pai era negro, e sua mãe, branca."

"Em 1859, Maria Firmina publicou "*Úrsula*", romance que ficou invisibilizado por muitos anos, o que expressa a face machista e racista da história da literatura brasileira."

"Hoje considerado o primeiro romance afro-brasileiro, pioneiro da literatura antiescravista no país.

Além dessa obra, escreveu poesia, ensaios, histórias e quebra-cabeças em jornais e revistas locais, além de compor canções em defesa do abolicionismo.

"ANTONIETA DE BARROS, A PARLAMENTAR NEGRA PIONEIRA QUE CRIOU O DIA DO PROFESSOR"

> *"Uma das três primeiras mulheres eleitas no Brasil, sua bandeira política era o poder revolucionário e libertador da educação para todos."*

"Antonieta de Barros[26] foi excepcional. Está entre as três primeiras mulheres eleitas no Brasil. A única negra. Foi eleita em 1934 deputada

---

24 https://www.conjur.com.br/2020-nov-20/conheca-esperanca-garcia-negra-escrava-autora-hc

25 Disponível em: https://mundoeducacao.uol.com.br/literatura/maria-firmina-dos-reis.htm

26 Disponível em: https://brasil.elpais.com/opiniao/2020-10-15/antonieta-de-barros-a-parlamentar-negra-pioneira-que-criou-o-dia-do-professor.html

estadual por Santa Catarina, mesmo ano que a médica Carlota Pereira de Queirós foi eleita deputada federal por São Paulo."

"Nasceu em Desterro, como era chamada Florianópolis, no dia 11 de julho de 1901. No registro de batismo, na Cúria Metropolitana, realizado pelo Padre Francisco Topp, não aparece o nome do pai. A mãe era Catarina Waltrich, escrava liberta. No imaginário popular, a verdadeira paternidade estaria ligada à família Ramos, uma das mais tradicionais do Estado."

"A bandeira política de Antonieta era o poder revolucionário e libertador da educação para todos. O analfabetismo em Santa Catarina, em 1922, época que começou a lecionar, era de 65%. Isso que o Estado, sobretudo pela presença alemã, aparecia com um dos índices mais altos de escolarização do país, seguidos por São Paulo."

"Foi Professora, jornalista e escritora, natural de Florianópolis/SC. A primeira mulher Deputada Constituinte e Deputada Estadual na Assembleia Legislativa de Santa Catarina, e primeira mulher negra a assumir mandato popular no Brasil, no século XX."

"A PRIMEIRA MÉDICA NEGRA DO BRASIL"

Maria Odília Teixeira,[27] a primeira médica negra do Brasil. Era 15 de dezembro de 1909, num Brasil machista e preconceituoso, quando **Maria Odília Teixeira**, baiana de São Félix do Paraguaçu, superou as estatísticas e formou-se em medicina pela UFBA, sendo a primeira médica negra do Brasil.

"A gana de uma mulher à frente do seu tempo era notória em diversas ações de Maria Odília. Ela encarou os feitos da ditadura do Estado Novo e defendeu sua família, em Ilhéus, em 1937, quando o seu marido Eusínio Gaston Lavigne teve o seu mandato de prefeito destituído. Quase trinta anos depois, em 1964, sofreu com a prisão de seu companheiro durante a ditadura militar. E, quando o político Ruy Santos planejou publicar um livro desmerecendo os feitos do seu pai – Teixeira Moleque, Ed. José Olympio, 1960 -, a primeira médica negra do Brasil lhe escreveu uma longa carta chamando atenção sobre o pretendia fazer."

---

[27] Disponível em: https://www.cremeb.org.br/index.php/noticias/dia-da-mulher-conheca-maria-odilia-teixeira-a-primeira-medica-negra-do-brasil/

"AS PRIMEIRAS ENFERMEIRAS NEGRAS BRASILEIRAS"

"**Maria Jose Barroso,** também conhecida como "**Maria Soldado**"

> "Maria Soldado foi uma notória enfermeira de guerra. Atuou na guerra civil da revolução constitucionalista de 1932. Inicialmente, seus feitos e posicionamento político eram exercidos como "enfermeira" da Legião Negra, posteriormente passando a atuar na linha de frente de batalha. Maria Soldado, é considerada a precursora da enfermagem moderna no Brasil. A mesma não ingressou em uma instituição de nível superior para diplomação em Enfermagem, pois não tinha os requisitos de ser a mulher ideal para compor a enfermagem profissional no Brasil por não ser "branca, culta, jovem e saudável", assim excluía – se as mulheres negras."

"A profissão de enfermeira para mulheres negras no Brasil foi negada durante duas décadas 1920 e 1930, uma vez que, na primeira escola de enfermagem, **Escola de Enfermagem** Alfredo Pinto, pertencendo à Universidade do Rio de Janeiro – UNI-RIO, mulheres negras não eram bem-vindas."

"LYDIA DAS DORES MATTA, JOSEPHINA DE MELO, LUCIA CONCEIÇÃO E MARIA DE LOURDES ALMEIDA"[28]

"Em 1943, Lydia das Dores Matta, Josephina de Melo, Lucia Conceição e Maria de Lourdes Almeidasão são as primeiras mulheres negras oriundas de estados pobres e distantes a ingressarem no Curso Básico de Enfermagem na Universidade de São Paulo (USP), a escola de maior projeção da América Latina na época que foi criada em 1940. As três graduaram-se pela escola de enfermagem da USP."

---

28 Disponível em: https://guianegro.com.br/10-enfermeiras-negras-negligenciadas-na-historia-para-conhecer/

JOAQUINA MARIA DA CONCEIÇÃO DA LAPA OU LAPINHA - A PRIMEIRA CANTORA LÍRICA DO BRASIL[29]

Joaquina Maria da Conceição ou Joaquina Lapinha, nascida em Minas Gerais, mulher negra e filha de negros, começou a atuar como atriz no Rio de Janeiro na década de 80 no século XVIII, quase um século antes de Chiquinha Gonzaga.

Sobre a participação de Lapinha em um elenco português, notamos que apesar de todo o seu talento, os críticos ressaltavam a tonalidade de sua pele e reforçavam a questão da sua negritude. Em relação às suas atuações em Portugal, Carls Ruders cita o talento de Lapinha e sua pele "bastante escura".

> "A terceira actriz chama-se Joaquina Lapinha. É natural do Brasil e filha de uma mulata, por cujo motivo tem a pele bastante escura. Este inconveniente porém remedeia-se com cosméticos. Fora disso tem uma figura imponente, boa voz e muito sentimento dramático (RUDERS, [1800] 2002, v. 1, p. 93-4)."

" Em vários documentos que contém citações sobre a cantora, há a citação de que Lapinha utilizava "pós de arroz" ou tinta branca no rosto para que fosse mais aceita pela sociedade europeia."

"RUTH DE SOUZA A PRIMEIRA ATRIZ NEGRA BRASILEIRA"[30]

Ruth de Souza nasceu no subúrbio carioca, no bairro do Engenho de Dentro, em 1921. Mudou-se para uma fazenda em Porto do Marinho, em Minas Gerais onde viveu até os nove anos de idade.[3] Com a morte do pai, ela e a mãe voltaram a morar no Rio, em uma vila no bairro de Copacabana.[3]

Pioneira nos palcos e nas telas, Ruth de Souza revolucionou a arte e os costumes do Brasil ao ser **a primeira atriz negra** a atuar, há 76 anos, no Theatro Municipal do Rio de Janeiro, com a encenação da peça O Imperador Jones, do dramaturgo norte-americano Eugene O'Neill (1888-1953), pela companhia de Teatro Experimental. Atriz. Pioneira

---

29 Disponível em: https://belezablackpower.com.br/2017/10/06/joaquina-maria-da-conceicao-da-lapa-ou-lapinha-a-primeira-cantora-lirica-do-brasil/

30 Disponível em: https://pt.wikipedia.org/wiki/Ruth_de_Souza

no teatro, cinema e televisão, é a primeira artista negra a conquistar projeção na dramaturgia brasileira. Em sua longa trajetória, de repercussão internacional, contraria as construções estereotipadas de personagens negros.

Ruth de Souza interessou-se pelo teatro ainda na infância. Em 1945 adentrou ao grupo Teatro Experimental do Negro (TEN), liderado por Abdias do Nascimento,[3][4] abrindo caminho para o artista negro no Brasil, participando, ao lado de outras mulheres negras, sendo em 1945 o primeiro grupo de teatro negro a subir ao palco do Teatro Municipal do Rio de Janeiro com a peça *O Imperador Jones*, de Eugênio O'Neill.[

MERCEDES BAPTISTA PRIMEIRA BAILARINA NEGRA NO BRASIL[31]

"Mercedes Baptista foi uma bailarina e coreógrafa brasileira, a primeira negra a integrar o corpo de baile do Theatro Municipal do Rio de Janeiro. Baptista foi a responsável pela criação do balé afro-brasileiro, inspirado nos terreiros de candomblé, elaborando uma codificação e vocabulário próprio para essas danças."

"Foi considerada a maior precursora do Balé e da Dança Afro no Brasil. Nasceu no ano de 1921 em Campos dos Goytacazes, RJ, filha de João Baptista Ribeiro e Maria Ignácia da Silva. A família humilde vivia do trabalho de Maria, que era costureira."

"MARIA AUXILIADORA, UMA PINTORA BRASILEIRA"[32]

"Uma exposição no MASP revaloriza a obra da neta de escrava, uma das grandes artistas do século XX"

"Maria Auxiliadora crescera numa família de trabalhadores e artistas autodidatas, militantes do movimento **negro** — sua avó fora escrava. Como **pintora**, produziu obra singular, avessa ao bom gosto conven-

---

31 Disponível em: https://pt.wikipedia.org/wiki/Mercedes_Baptista

32 Disponível em: https://epoca.oglobo.globo.com/cultura/noticia/2018/03/maria-auxiliadora-uma-pintora-brasileira.html

cional e atravessada pelo protagonismo dos corpos negros e das tradições culturais e religiosas afro-brasileiras."

"Em 1970, o jornal *Dia e Noite* publicou a crítica da exposição de arte em cartaz na galeria do Consulado Americano em São Paulo. O título do artigo nada dizia sobre as telas expostas, mas sublinhava a origem social de sua autora: "Empregada doméstica trocou o aspirador pelos pincéis". A "empregada doméstica" era Maria Auxiliadora da Silva (1935-1974), que nascera em Campo Belo, no oeste de Minas Gerais, morava no bairro da Casa Verde, na Zona Norte de São Paulo, e vendia seus quadros na Praça da República, no centro da capital paulista. Maria Auxiliadora crescera numa família de trabalhadores e artistas autodidatas, militantes do movimento negro — sua avó fora escrava. Como pintora, produziu obra singular, avessa ao bom gosto convencional e atravessada pelo protagonismo dos corpos negros e das tradições culturais e religiosas afro-brasileiras. Além de ressaltar a origem social de Maria Auxiliadora, o crítico do *Dia e Noite* implicou com sua técnica pouco acadêmica e apontou para a "ingenuidade, natural numa moça que, entre uma profissão e outra (empregada doméstica e pintora), não teve oportunidade de cursar uma escola de pintura, onde receberia os ensinamentos que dão segurança e continuidade ao trabalho".

"Maria Auxiliadora não recebeu educação artística formal. Aos 12 anos, precisou largar os estudos e começar a trabalhar em casas de família e como bordadeira em fábricas têxteis. Pintava nas horas vagas. A ausência de formação acadêmica e o não domínio de técnicas tradicionais de pintura — perspectiva, volume e claro-escuro — colaboraram para que sua obra fosse coberta de rótulos como "primitiva", "popular" ou "naïf", títulos reservados a artistas autodidatas e inclassificáveis, que acabam confinados na periferia do mercado de arte."

"DEISE NUNES PRIMEIRA MULHER NEGRA FOI COROADA MISS BRASIL"[33]

"Nos dois maiores concursos, que elegem as representantes para o Miss Universo e Miss Mundo, são cinco mulheres negras eleitas até o momento. No Miss Brasil Universo, a primeira vencedora foi a gaú-

---

[33] Disponível em: https://revistamarieclaire.globo.com/Noticias/noticia/2021/05/ha-35-anos-o-pais-coroava-primeira-mulher-negra-ao-titulo-de-miss-brasil.html

cha Deise Nunes, em 17 de maio de 1986 entrou para a história do Brasil. Nesta data, a primeira mulher negra foi coroada Miss Brasil." Deise Nunes venceu o concurso com 1,75m de altura, 86cm de busto, 90cm de quadril e 60cm de cintura e precisou enfrentar todo o preconceito das famílias das demais candidatas, que contestaram a vitória da jovem."

"Deise ainda desabafou sobre a importância da representatividade. Algo que, nos anos 80, não era muito discutido. "Na minha época de menina, só tinha uma pessoa negra na televisão, a Glória Maria. Hoje Taís Araújo apresenta programa de televisão aos domingos, e Maju é âncora do Jornal Hoje. Isso é importante! Tem gente que diz 'Ah, que mimimi'. Pode ser para quem nunca sofreu discriminação. Para quem já passou por isso, não é vitimismo. O negro precisa se ver em posições de destaque".

TONI MORRINSON A PRIMEIRA MULHER NEGRA A GANHAR O PRÊMIO NOBEL DE LITERATURA

"Morrison escreveu peças, ensaios, literatura infantil e um libreto de ópera. Recebeu o Nobel de Literatura de 1993, por seus romances fortes e pungentes, que relatam as experiências de mulheres negras nos Estados Unidos durante os séculos XIX e XX.

Em suas manifestações públicas, Toni Morrison falava com frequência sobre como aprendeu o poder do riso. Nascida há exatos 90 anos, em 18 de fevereiro de 1931, a primeira mulher negra a receber o Nobel de Literatura nasceu em Lorain, no estado norte-americano de Ohio - um lugar mais tolerante do que muitos outros nos EUA, mas ainda assim longe de ser um paraíso na terra se você fazia parte de uma família negra. "

CINCO LIVROS ESSENCIAIS DA ESCRITORA TONI MORRISON[34]

"Autora americana, vencedora do Nobel de Literatura e do Prêmio Pulitzer, deixou romances intensos marcados pelo racismo e as feridas da escravidão."

1. **O Olho Mais Azul (1970)** -Primeiro romance de Toni, publicado quando ela tinha 39 anos, o livro conta a história de uma garota negra na década de 1940 em Ohio, que sonha ter olhos azuis. Para a menina, a brancura é sinônimo de beleza em um mundo assombrado pela escravidão e cercado de referências que associam garotas brancas ao que é "correto".

2. **Amada (1987)** - Com seu quinto livro, Toni ganhou status de celebridade ao dramatizar a dolorosa história real de Margaret Garner, uma escrava que tem sua busca pela liberdade marcada pela complicada relação com a filha, que nasce durante sua fuga.

    Em decisões polêmicas, Amada foi preterido em dois dos principais prêmios americanos da área ao ser publicado, levando 48 escritores a assinarem uma carta aberta na New York Times Book Review denunciando o não reconhecimento de Morrison.

    Em 1988, veio, então, o Prêmio Pulitzer, e o livro foi adaptado para o cinema dez anos depois como Bem-amada, filme estrelado por Oprah Winfrey como a mãe, Sethe.

3. **Jazz (1992)** - A aclamada e chocante trama se passa na década de 1920, no Harlem, bairro negro de Nova York, e narra a história de uma jovem baleada pelo amante e que ainda é alvo do ódio da esposa traída, mesmo após sua morte. A obsessão amorosa se mescla com os dramas e temores de uma época em que a cidade grande faz promessas além do que vai cumprir.

4. **Paraíso (1998)** -Paraíso completou a trilogia de romances de Toni iniciada com Amada e seguida por Jazz, desafiando a leitura dominante do passado, ao explorar, especificamente, a história afro-americana desde meados do século XIX até os dias atuais.

    Na trama, uma cidade fictícia e utópica é habitada apenas por negros, que se refugiaram ali depois da escravidão. Rígidos seguidores de uma extrema lista de regras, os habitantes se chocam com

---

[34] Leia mais em: https://veja.abril.com.br/cultura/cinco-livros-essenciais-da-escritora-toni-morrison/

a chegada de forasteiras, sendo uma delas branca. A crise culmina em um brutal assassinato.

5. **Voltar para Casa (2012)** -Nele, a escritora conta a história de um rapaz nos seus 20 anos que volta para casa, em Seattle, depois de lutar na Guerra da Coreia. Um jovem que deixa "um exército integrado" para retornar para "um país segregado", como escreveu o jornal The New York Times em uma resenha na época do lançamento. No retorno, ele encontra a irmã, oprimida por uma sociedade machista. Ambos terão, então, que encontra a irmã, oprimida por uma sociedade machista. Ambos terão, então, que encontrar novos significados para recomeçar.

"GLÓRIA MARIA MATTA DA SILVA A PRIMEIRA JORNALISTA NEGRA DO BRASIL"[35]

"Glória Maria: considerada **a primeira** repórter **negra** da TV brasileira. Glória Maria Matta da Silva nasceu no Rio de Janeiro, no dia 15 de agosto de 1943, no bairro de Vila Isabel, Zona Norte do Rio. Repórter, jornalista, apresentadora, Glória quebrou paradigmas ao se tornar a primeira repórter negra a realizar uma transmissão ao vivo e a cores na televisão brasileira. Responsável por cobrir momentos históricos do mundo, e entrevistar as grandes celebridades, Glória é uma referência no ramo jornalístico e abriu portas para que mais mulheres negras pudessem ocupar esse espaço."

"PRIMEIRA REITORA NEGRA ASSUME A UNIVERSIDADE AFRO-BRASILEIRA"[36]

> *"Nilma Gomes é a primeira mulher negra a tomar posse da reitoria de uma universidade federal brasileira."*

A pedagoga Nilma Lino Gomes é a primeira mulher negra a ser empossada no cargo de reitor de uma universidade federal brasileira. Nilma tomou posse como reitora *pro tempore* da Universidade da Integração Internacional da Lusofonia Afro-Brasileira (Unilab)

---

[35] Disponível em: https://pt.wikipedia.org/wiki/Gl%C3%B3ria_Maria

[36] Disponível em: http://portal.mec.gov.br/ultimas-noticias/222-53701194 3/18552-primeira-reitora-negra-assume-a-universidade-afro-brasileira

É graduada em Pedagogia e mestre em educação pela Universidade Federal de Minas Gerais (UFMG), fez doutorado em Ciências Sociais pela Universidade de São Paulo (USP) e pós-doutorado em Sociologia pela Universidade de Coimbra, em Portugal. A reitora atuou como professora do Departamento de Administração Escolar da Faculdade de Educação da UFMG e Coordenadora-geral do Programa Ações Afirmativas na UFMG e do Núcleo de Estudos e Pesquisas sobre Relações Raciais e Ações Afirmativas (NERA). Entre 2004 e 2006, presidiu a Associação Brasileira de Pesquisadores Negros (ABPN) e desde 2010 integra a Câmara de Educação Básica do Conselho Nacional de Educação, onde participa da comissão técnica nacional de diversidade para assuntos relacionados à educação dos afro-brasileiros.

"LUANA DE NOAILLES A PRIMEIRA MODELO NEGRA DO BRASIL"[37]

"É uma empresária e ex-modelo brasileira das décadas de 60 e 70. Foi a primeira modelo negra do Brasil, tendo feito muito sucesso internacionalmente para marcas como Paco Rabanne, Chanel e Dior".

Nascida no bairro do Curuzu e criada na Liberdade em Salvador, Luana é filha de Manuel do Sacramento e de Antonieta de Jesus Santos. Na infância, estudou em colégio católico

"Luana de Noailles começou com modelo desfilando para eventos e feiras de moda em Salvador, Bahia, apadrinhada pelo estilista Di Carlo, época em que ainda era apelidada «Rai».] Aos dezesseis anos e ainda na Bahia é descoberta por uma equipe de olheiros da Rhodia, que queriam uma modelo «negra como Pelé» [e se admiraram com sua beleza e estatura, Luana torna-se modelo dessa poderosa marca, patrocinadora da Fenit.

"Ainda no Brasil, encanta o estilista Paco Rabanne, de visita à Fenit o qual a convida para ser sua modelo. Então, em 1967, aos dezessete anos, ela chega à Europa, onde se instala inicialmente na Itália, indo, pouco depois, viver sozinha no quinto andar do hotel d'Harcourt, em Paris, já contratada pela agência de Catherine Harley.

---

37 Disponível em: https://pt.wikipedia.org/wiki/Luana_de_Noailles

"Luana da Bahia", como seria carinhosamente chamada na moda, abriu o caminho da beleza étnica ao desfilar na década de 70 para os mais renomados estilistas do mundo

"Em 29 de outubro de 1977, Luana se casa com o conde Gilles de Noailles, membro de uma das famílias mais aristocráticas da França, tornando-se a «Condessa de Noailles». Após o casamento, finaliza sua trajetória como manequim e tem um filho, Matthieu, no início da década de 1980."

"Sobre seu casamento, o estilista Paco Rabanne declarou:

"Fui testemunha de seu casamento com [o conde] Gilles de Noailles, no castelo da família. De um lado, uma família rígida; do outro, brasileiros exuberantes. No meio disso, Luana, sem nenhum deslumbramento. Na sala de recepção… uma feijoada."

"SIAN PROCTOR É A PRIMEIRA MULHER NEGRA A PILOTAR UMA NAVE ESPACIAL"[38]

"Três astronautas negras chegaram ao espaço, e saber que serei a quarta significa que terei a oportunidade não apenas de realizar meu sonho, mas também de inspirar a próxima geração de mulheres e meninas negras. Realmente levá-las a pensar em alcançar as estrelas e o que isso significa", disse Sian Proctor, em coletiva de imprensa um dia antes de viajar para o espaço a bordo da missão Inspiration 4, da SapceX, a primeira a levar uma tripulação composta apenas por civis para a órbita da Terra. Ao decolar, no dia 15 de setembro, além de fazer parte de um momento histórico para o turismo espacial, Sian Proctor se tornou a quarta mulher negra ao ir para o espaço e a primeira a pilotar uma nave espacial.

Sian Proctor possui doutorado em educação científica, é professora, artista e comunicadora científica. Natural da ilha de Guam, um território norte-americano na Oceania, ela dá aulas na faculdade pública South Mountain Community College, em Phoenix, no estado do Arizona.

---

38 Fonte: Revista Galileu 19/09/2021. Disponível em: https://www.geledes.org.br/sian-proctor-e-a-primeira-mulher-negra-a-pilotar-uma-nave-espacial/?fbclid=IwAR2yEAFXY7lGYjrL0gJwzuwuX4Z1GMcAV0LSOcunRV00Tx27wY-LeXUbIpU

A primeira mulher negra a voar para o espaço foi Mae Jemison, que voou no ônibus espacial Endeavour, com a missão STS-47, em 1992. Em seguida, Stephanie Wilson e Joan Higginbotham também voaram em missões de ônibus espaciais da NASA. Há ainda três outras mulheres negras que são astronautas da NASA, mas nunca voaram para o espaço: Yvonne Cagle, Jessica Watkins e Jeanette Epps, que foi selecionada pela NASA em 2009, na mesma rodada de seleção de astronautas que Proctor participou.

Além de ser a primeira mulher negra a pilotar uma nave espacial, Proctor também será a mulher negra mais velha a ir para o espaço, voando aos 51 anos. Uma conquista que ela espera ser também uma inspiração para outras mulheres. "Acho que pode ser inspirador ver que aqueles sonhos que você teve quando criança ainda podem acontecer, porque muitas vezes pensamos que já perdemos nosso auge em nossos 20 e 30 anos. Mas não é verdade", comentou.

"ELZA SOARES[39] E CAROLINA MARIA DE JESUS[40] VIRAM SELOS DOS CORREIOS NA SÉRIE "MULHERES BRASILEIRAS QUE FIZERAM HISTÓRIA"

"Os Correios lançaram, nesta terça-feira (23/07/2019), o primeiro selo da série Mulheres Brasileiras que fizeram História, que homenageia grandes mulheres brasileiras. A primeira a figurar entre os colecionáveis é a cantora Elza Soares, conhecida por sua história de dores e lutas."

Correios/Divulgação

---

39 Disponível em: https://www.metropoles.com/celebridades/correios-homenageiam-elza-soares-em-serie-de-selos-colecionaveis

40 Disponível em: https://www.sppaulista.com.br/post/lan%C3%A7amento-mulheres-brasileiras-que-fizeram-hist%C3%B3ria-carolina-maria-de-jesus

O selo de Elza é ilustrado com uma fotografia feita em um show em Brasília. O elo desta emissão é o símbolo da mulher, que consta em todos os selos. A folha com borda na cor magenta, é composta por 18 selos, tendo o título da emissão no canto superior esquerdo e no canto superior direto desenhos estilizados de um caderno, um lápis e letras caligráficas. Foram usadas as técnicas de fotografia e computação gráfica."

"Mais uma vez, a Filatelia Brasileira tem a honra de emitir selos sobre mulheres. Agora será a vez de mulheres que fizeram histórias, destacando das seis, duas personalidades vencedoras em suas vidas, Elza Soares e Carolina Maria de Jesus.

A cantora e compositora Elza Soares foi a primeira homenageada, dona de uma das melhores vozes da música brasileira. Todos os selos constam o elo símbolo da mulher -1º Porte carta comercial Brasil 2019.

"O quarto selo da série, chegamos à história de Carolina Maria de Jesus, considerada uma das primeiras escritoras negras do Brasil. Carolina nasceu em 14 de março de 1914, em Sacramento, Minas Gerais, e morreu em 13 de fevereiro de 1977, aos 62 anos, em Parelheiros, na zona sul de São Paulo.

Foi lançado em 04/10/2019 em Sacramento, Minas Gerais e São Paulo, SP.

"Ao mesmo tempo em que trabalhava como catadora, Carolina registrava nos cadernos que encontrava no material que recolhido em sua jornada, o cotidiano da comunidade onde morava. Foi descoberta, em 1958, pelo fotografo e repórter Audálio Dantas, e nesse mesmo ano trechos do seu diário forma publicados no Jornal Folha da Noite, foi a publicação desses cadernos que deu origem a seu livro mais famoso: "Quarto de Despejo: Diário de uma Favelada", com tiragem de 10.000, que se esgotou em uma semana. Esta obra vendeu mais de um milhão de exemplares e foi traduzida para qua-

torze idiomas, tornando-se um dos livros brasileiros mais conhecidos no exterior."

"Carolina Maria de Jesus hasteou por toda a sua vida a bandeira do trabalho e da confiança em seus ideais e foi consagrada por sua obra "Quarto de Despejo."

"A imagem é uma foto que foi tirada na favela de Canindé, São Paulo, em 1958. O elo desta emissão é o símbolo da mulher, que consta em todos os selos. A folha com borda na cor magenta, é composta por 18 selos, tendo o título da emissão no canto superior esquerdo e no canto superior direto desenhos estilizados de um caderno, um lápis e letras caligráficas. Foram usadas as técnicas de fotografia e computação gráfica."

"CALENDÁRIO INTERNACIONAL DA CULTURA NEGRA"[41]

"Neste espaço, você encontrará informações sobre datas que marcaram a história do negro no Brasil e no mundo; história herdada e continuada por várias gerações; história de uma luta que produziu e irá produzir, por tempo indeterminado, um grande número de datas que merecem e merecerão serem lembradas. Por este motivo, este calendário virtual é inacabado e estará em contínua construção."

	JANEIRO
02	Fundada a Irmandade do Rosário dos Homens Pretos. São Paulo/SP (1711). – Morre Mônica Veyrac, a primeira diplomata negra da história do Itamaraty. Costa Rica (1985).
06	Lançado o jornal O Clarim da Alvorada, um dos poucos a refletirem a inquietação da população negra no Brasil. Matão/SP (1924).
09	Promulgada a Lei Federal Nº 10.639, que rege a obrigatoriedade do ensino da história afro-brasileira na rede oficial de ensino (2003).
13	Nasce André Rebouças, engenheiro, professor universitário e grande abolicionista. Cachoeira/BA (1838).
15	Nasce Marthin Luther King, pastor norte-americano que lutou pela igualdade racial. Atlanta/Georgia (1929).
25	Acontece a Revolta dos Malês, rebelião contra o escravismo e a imposição da religião católica. Salvador/BA (1835).
29	Morre José do Patrocínio, jornalista e ativista da causa abolicionista. Rio de Janeiro/RJ (1905).
31	Tombamento da Serra da Barriga, berço da resistência negra, onde nasceu o Quilombo dos Palmares e viveu seu maior líder, Zumbi dos Palmares. União dos Palmares/AL (1986).

41 Disponível em: http://www.palmares.gov.br/?p=8766

	FEVEREIRO
01	Nasce Lélia González, antropóloga, filósofa, intelectual e militante da causa negra. Bebedouro/MG (1935).
02	Plenário da Constituinte aprova a emenda de autoria do deputado federal Carlos Alberto Caó Oliveira, estabelecendo o racismo como crime inafiançável e imprescritível (1988).
07	Nasce Clementina Jesus da Silva, sambista e ícone da luta contra a discriminação racial. Valença/RJ (1902).
10	Nasce a Yalorixá Mãe Menininha do Gantois, ícone da luta contra a intolerância religiosa. Salvador/BA (1894).
12	Nasce Arlindo Veigas dos Santos, acadêmico e primeiro presidente da Frente Negra Brasileira (FNB). Itu/SP (1902).
18	Fundado o Afoxé Filhos de Gandhi, agremiação carnavalesca de maioria negra. Salvador/BA (1949).
19	Realizado o primeiro Congresso Pan-Africano. Paris/França (1919).
21	Morre Malcom X, um dos grandes defensores dos direitos afro-americanos. Nova Iorque (1965).
	MARÇO
19	Acontece a Revolta do Queimado, principal movimento de luta contra a escravidão do estado do Espírito Santo/ES (1849).
21	Internacional de Luta contra a Discriminação Racial. O dia foi instituído pela Organização das Nações Unidas (ONU), em memória das vítimas do massacre de Shapevile, África do Sul.
	ABRIL
01	Acontece o Primeiro Festival Mundial das Artes Negras. Dakar/Senegal (1966). – Criação do Partido dos Panteras Negras. EUA (1967).
04	Morre Marthin Luther King, ativista e Prêmio Nobel da Paz, assassinado minutos antes de uma marcha em favor dos direitos dos negros. Memphis/EUA (1968).
05	Nasce Vicente Ferreira Pastinha, o "Mestre Pastinha", capoeirista e ícone da cultura afro-brasileira. Salvador/BA (1889).
25	Criado o bloco afro Olodum. Salvador/BA (1979).
26	Nasce Benedita Silva, primeira mulher negra a ocupar um cargo de governadora. Praia do Pinto/RJ (1942).
	MAIO
02	Nasce Ataulfo Alves, grande cantor e compositor negro. Miraí/MG (1909).
03	Nasce Milton Santos, grande geógrafo negro. Macaúba/BA (1933).
13	A Lei Áurea extingue oficialmente a escravidão no Brasil. Mas a data é considerada pelo Movimento Negro como uma "mentira cívica", sendo caracterizada como Dia de Reflexão e Luta contra a Discriminação (1888).
13	Nasce Lima Barreto, escritor, jornalista e militante da causa negra. Rio de Janeiro/RJ (1881).
14	Líderes da Revolta dos Malês são fuzilados. Campo da Pólvora, Salvador/BA (1835).
18	Criado o Conselho Nacional de Mulheres Negras. Rio de Janeiro/RJ (1950).
19	Nasce Malcom X, um dos maiores defensores dos direitos dos negros nos Estados Unidos. Omaha/Nebrasca (1925).

	JUNHO
06	Morre o jamaicano Marcus Garvey, mentor do Pan-africanismo. Londres (1940).
21	Nasce Luiz Gonzaga Pinto da Gama, escritor, jornalista e um dos ícones da luta pela afirmação da identidade negra. Salvador/BA (1830).
24	Nasce João Candido, líder da Revolta da Chibata, conhecido como Almirante Negro. Rio Pardo/RS (1880).

	JULHO
01	Fundado o Clube Negro de Cultura Social. São Paulo/SP (1932).
03	É aprovada a Lei Afonso Arinos (nº 1390), estabelecendo a discriminação racial como contravenção penal (1951).
07	Fundado o Movimento Negro Unificado Contra a Discriminação Racial (MNUCDR). São Paulo/SP (1978).
11	Nasce Antonieta de Barros, primeira deputada negra brasileira. Florianópolis/RS (1902).
15	Acontece a Primeira Conferência sobre a Mulher Negra nas Américas. Equador (1984).
18	Nasce Nelson Mandela, líder negro que lutou conta o regime do Apartheid na África do Sul (1918).
21	Nasce Luís Gama, o abolicionista (1830)
24	Nasce Francisco Solano Trindade, poeta. Recife/PE (1908).
25	Internacional da Mulher Negra Latino-americana e Caribenha

	AGOSTO
03	da Capoeira e do Capoeirista
12	Registrado o primeiro ato de escravidão por Portugal em Lagos/Nigéria (1444)
12	Acontece a Revolta dos Alfaiates, também conhecida como Revolta dos Búzios. Manifesto dos conjurados baianos protesta contra os impostos e a escravidão e exige independência e liberdade. Bahia/BA (1798).
14	Morre a Yalorixá Mãe Menininha do Gantois, ícone da luta contra a intolerância religiosa. Salvador/BA (1986).
22	Criada, por meio da Lei nº 7.668, a Fundação Cultural Palmares, instituição pública vinculada ao Ministério da Cultura que tem como principal atribuição promover a valorização da cultura negra (1988).
23	Nasce José Correia Leite, ativista da imprensa negra e fundador do jornal O Clarim da Alvorada. São Paulo/SP (1900).
23	Internacional da Memória do Tráfico Negreiro. Escolhida pela Organização das Nações Unidas (ONU), em 1791, a data marca a primeira vitória decisiva dos escravos contra seus opressores na história da humanidade.
24	Acontece o Primeiro Congresso de Cultura Negra das Américas. Colômbia (1977).
24	Morre o abolicionista Luís Gama. São Paulo/SP (1882).
28	Acontece a Primeira Marcha de Negros sobre Washington, em favor dos direitos civis. Estados Unidos da América (1963).
31	Realizada a I Conferência Mundial contra o Racismo, a Discriminação Racial, a Xenofobia e Formas Correlatas de Intolerância. Durban/África do Sul (2001).

	SETEMBRO
04	Promulgada a lei Euzébio de Queiroz, extinguindo o tráfico de escravos no Brasil (1850).
12	Morre o líder sul-africano, Steve Biko, idealizador do movimento pela consciência negra. Cidade do Cabo/África do Sul (1977).
14	Fundado o jornal O Homem de Cor, o primeiro periódico dedicado à causa negra da imprensa brasileira (1833).
16	Fundada a Frente Negra Brasileira, primeira agremiação política composta por afro-descendentes. São Paulo/SP (1931).
28	Aprovada a Lei do Ventre Livre, que declarava livre os filhos das escravas que nascessem após essa data (1871).
28	Assinada a Lei do Sexagenário, garantindo a liberdade aos escravos com mais de 60 anos de idade (1885).
	OUTUBRO
01	Fundado o Núcleo de Estudos Afro-Brasileiros (NEAFRO). São Paulo/SP (1980).
07	de Nossa Senhora do Rosário, patrona dos negros.
10	Morre Francisco Lucrécio, Secretário da Frente Negra Brasileira, em São Paulo (2001).
11	Nasce Agenor de Oliveira, o Cartola. Cantor e compositor negro, figura entre os maiores representantes da Música Popular Brasileira. Rio de Janeiro/RJ (1908).
12	de Nossa Senhora Aparecida, padroeira do Brasil, considerada protetora dos negros. São Paulo/SP (1717).
13	Criação do Teatro Experimental do Negro (TEN). Rio de Janeiro /RJ (1944)
15	Nasce Grande Otelo, ator de cinema e TV e um dos ícones da cultura negra. Rio de Janeiro/RJ (1915).
24	Morre Rosa Parks, líder do Movimento dos Direitos Humanos. América do Norte/EUA (2005).
	NOVEMBRO
01	Criado o bloco afro Ilê Aiyê, uma das primeiras agremiações carnavalescas a agregar negros no Brasil. Salvador/BA (1974).
10	Retrocesso: Governo Médici proíbe a imprensa de publicar notícias sobre índios, Esquadrão da Morte, guerrilha, movimento negro e discriminação racial (1969).
19	Nasce Paulo Lauro, que viria a ser o primeiro prefeito negro de São Paulo/SP (1907). – Retrocesso: Rui Barbosa manda queimar todos os papéis, livros de matrícula e registros fiscais relativos à escravidão existentes no Ministério da Fazenda (1890). – Lançado o primeiro volume de Cadernos Negros. São Paulo/SP (1978).
20	Nacional da Consciência Negra.
20	Morre Zumbi dos Palmares, principal representante da resistência negra à escravidão e líder do Quilombo dos Palmares. Alagoas/AL (1695).
22	Revolta da Chibata. Rebelião liderada por João Candido, o "Almirante Negro", contra os maltratos sofridos na Marinha Mercante. Rio de Janeiro/RJ (1910).
24	A Organização das Nações Unidas para Educação Ciência e Cultura (Unesco) reconhece o Samba do Recôncavo Baiano como Patrimônio da Humanidade. (2005).
25	Nacional das Baianas.

	DEZEMBRO
01	O ofício da Baiana do Acarajé é tombado pelo Instituto de Patrimônio Histórico e Artístico Nacional (IPHAN) como Patrimônio Nacional (2004).
02	Nacional do Samba, uma das principais vertentes artísticas da cultura negra.
05	Retrocesso: Constituição proíbe negros e leprosos de freqüentar escolas públicas no Brasil (1824).
10	Aprovada pela Organização das Nações Unidas (ONU) a Declaração Universal dos Direitos Humanos (1948).
20	Lei nº 7437/85 Estabelece como contravenção penal o tratamento discriminatório no mercado de trabalho, por motivo de raça/cor (1985).

"10 INVENÇÕES NEGRAS E SEUS CRIADORES"[42]

1. Máscara de gás: Garrett Morgan (1914)
2. Semáforo: Garrett Morgan (1923)
3. Guitarra Euphonica: Robert F. Flemming (1886)
4. Quimioterapia: Jane Cooke Wright (1949)
5. Óculos 3D: Kenneth J. Dunkley (1989)
6. Câmbio automático: Richard Spikes (1932)
7. Torneira de cerveja: Richard Spikes (1908)
8. Transmissor de ilusão (Filme 3D): Valerie Thomas (1980)
9. Absorvente: Mary Beatrice Davidson Kenner (1956)
10. Tábua de passar roupa: Sarah Boone (1892)

"RACISMO ESTRUTURAL, NEGRITUDE E LUGAR DE FALA: QUAL É A IMPORTÂNCIA DE PENSARMOS A TRAJETÓRIA DE ANASTÁCIA NO ENSINO DE HISTÓRIA?"[43]

"A partir das contribuições teóricas de Kilomba (2019) e Ribeiro (2017), o presente texto propõe-se a refletir o "lugar de fala" e as suas

---

[42] Disponível em: https://www.correio24horas.com.br/noticia/nid/conheca-10-invencoes-negras-que-sao-legados-da-humanidade/?fbclid=IwAR2MLEGv5Yrl7mxgWq6ndoZMes9bmOqHPE37dT8fxLcLpINuo7SG82rjtiM#

[43] Disponível em: https://www.geledes.org.br/racismo-estrutural-negritude-e-lugar-de-fala-qual-e-a-importancia-de-pensarmos-a-trajetoria-de-anastacia-no-ensino-de-historia/

simbologias no Ensino de História, dentro das discussões orientadas pela Lei n. 10.639/2003, que estabelece e reconhece a necessidade de ensinar a história da África e afro-brasileira nos espaços de saberes, nas instituições públicas e privadas. A reflexão a seguir tem como referência a história da princesa bantu, Anastácia, símbolo de resistência feminina negra na história brasileira, com uma trajetória de ações contra políticas de dominação e violências no período escravagista. Com a sua trajetória analisada por Kilomba, acredita-se que as suas contribuições reflexivas sobre a "máscara do silenciamento" são proveitosas no Ensino de História e um exemplo para se pensar as relações étnico-raciais na sociedade. Diante o racismo ambíguo e os episódios de violências que a população brasileira se depara diariamente, o Ensino de História e a educação são observadas enquanto ferramentas essenciais para compreendermos os processos históricos e desenvolvermos práticas antirracistas que protejam a nossa juventude. À luz da contextualização sobre o racismo tecidas por Gomes (2003) e Almeida (2018), a escola torna-se um espaço essencial para tecer reflexões acerca do racismo estrutural, e se apresenta, enquanto um espaço acolhedor de identidades e necessário para proteger as/os nossas/os jovens e crianças. Para isso, antes de repensarmos os currículos e as nossas práticas pedagógicas diante as temáticas, o processo "descolonizar as mentes" (CEREZER, 2019) torna-se fundamental nas ações individuais, coletivas e na luta antirracista."

"O Brasil, um país estruturado e marcado por um sistema escravagista e pela violação de direitos humanos na ditadura civil-militar, enfrenta um racismo ambíguo que se materializa através de violências verbais, físicas, psicológicas e institucionais. O racismo, ação/ideia que observa a raça como alvo da discriminação, "é uma forma sistemática de discriminação que tem a raça como fundamento, e que se manifesta por meio de práticas conscientes ou inconscientes que culminam em desvantagens ou privilégios, a depender ao grupo racial ao qual pertençam" (ALMEIDA, 2018, p. 25). "

"O racismo como elemento estruturante da sociedade brasileira, o racismo estrutural é um conjunto de mecanismos que exclui, silencia, segrega e impede a população negra de ocupar determinados espaços. Ao pensarmos o racismo estrutural na formação do imaginário brasileiro, a escola e os espaços de saberes não estão livres dessas violências e não isentam as nossas crianças, jovens, professoras/es e profissionais da comunidade escolar de vivenciá-las. Nesse sentido, o Ensino de História e as humanidades se apresentam enquanto estudos essenciais para compreendermos o racismo estrutural e cultivar o respeito pela diversidade étnico-racial a partir da valorização da história africana e afro-brasileira.

"A promulgação da Lei 10.639/03, complementada pela 11.645/08, é fruto da reunião de diversas lutas políticas dos movimentos sociais e das/os profissionais da educação na história da luta antirracista. A implementação das leis de bases e diretrizes não se restringem à obrigatoriedade do ensino de história e cultura africana/afro-brasileira e indígena na educação básica e superior, mas ressaltam a necessidade de compreendermos a importância da negritude e os seus legados na história brasileira. Portanto, discutir sobre a negritude e os desafios do racismo cotidiano exige além do caráter teórico, mas de práticas antirracistas, como compreender o lugar de fala e desenvolver o lugar de escuta. Destacamos a história de Anastácia como referência diante a importância do debate proposto."

"A história de Anastácia, uma mulher escravizada e um símbolo da resistência negra feminina no Brasil, é observada pela escritora Grada Kilomba, na obra *Memórias da Plantação – Episódios de Racismo Cotidiano* (2019), com o objetivo de compreender o local da fala em uma sociedade racista. Ao argumentar que o colonialismo é uma política do medo, Kilomba defende o ato da fala como uma ferramenta emancipatória de ocupar espaços negados pelo colonialismo. A colonização dos povos africanos, a invasão dos países da África e sul-americanos, o racismo científico e demais episódios imperialistas sob a população negra estruturaram o pensamento colonialista com justificativas científicas e jurídicas de dominação dos povos não europeus. A perspectiva da diferença fundamentada pelo racismo científico novescentista – a hierarquização das raças e criação do "outro" – sustentou um sistema de opressão que colocou o sujeito negro na condição de mercadoria, explorado e descartado pelo mercado escravagista. Na condição de objeto, esse sistema nega-lhe a condição de humano ao descartar a sua identidade, esvaziando-o de sentimentos, sonhos, ambições e vontades. O *silenciamento* histórico imposto aos homens e mulheres negras da história se caracteriza enquanto um conjunto de violências – principalmente de violência epistêmica – e do impedimento que os sujeitos sejam donos e autores das suas próprias narrativas."

"Ao refletir sobre os *silenciamentos* da população negra na história, Grada Kilomba recorda-se da trajetória de Anastácia e a máscara na qual a princesa bantu era forçada a usar. A *máscara do silenciamento*, a "máscara de flandres", é definida pela autora como uma representação material de violências racistas:

Tal máscara foi uma peça muito concreta, um instrumento real que se tornou parte do projeto colonial europeu por mais de trezentos anos. Ela era composta por um pedaço de metal colocado no interior da boca do sujeito negro, instalado entre a língua e o maxilar e fixado por detrás da cabeça por duas cordas, uma em torno do queixo e a outra em torno do nariz e da testa. Oficialmente, a máscara era usada pelos senhores brancos para evitar que africanos/as escravizados/as comessem cana-de-açúcar ou cacau enquanto trabalhavam nas plantações, mas sua principal função era implementar um senso de mudez e de medo, visto que a boca era um lugar de silenciamento e de tortura (KILOMBA, 2019, p.33)"

"AS DUAS CORES DE MACHADO DE ASSIS"[44]

"Mulato, ele foi de fato, um grego da melhor época. Eu não teria chamado Machado de Assis de mulato e penso que lhe doeria mais do que essa síntese. (…) O Machado para mim era um branco e creio que por tal se tornava; quando houvesse sangue estranho isso nada alterava a sua perfeita caracterização caucásica. Eu pelo menos só via nele o grego" (Joaquim Nabuco, em carta a José Veríssimo, após a morte de Machado de Assis).

"A REVOLTA DO ESCRITOR LIMA BARRETO CONTRA O RACISMO"[45]

"Consciente do racismo, Lima explica em conversa com um colega o motivo que o levou a desistir de pular o muro em companhia de seus colegas para assistir a uma montagem da ópera Aída de Verdi no Teatro Lírico:"

---

[44] Disponível em: https://www.geledes.org.br/duas-cores-de-machado-de-assis/

[45] Disponível em: https://vermelho.org.br/2017/07/21/a-revolta-do-escritor-lima-barreto-contra-o-racismo/

> "Todos haviam topado a estudantada. Todos, menos Lima Barreto. Este não tivera a coragem de pular o muro. Depois do ensaio geral, Nicolao Ciancio teve de ir sozinho para casa — a pensão de Madame Parisot. E ali chegando, cantarolando, como bom italiano, os últimos trechos de Aída, encontrou o amigo deitado, lendo. O diálogo que se seguiu e vai adiante transcrito foi reconstituído pelo próprio Nicolao Ciancio. Ei-lo sem alteração de uma vírgula:
>
> — Por que você não veio?
> — Para não ser preso como ladrão de galinha!
> — ?!
> — Sim, preto que salta muros de noite só pode ser ladrão de galinhas!
> — E nós, não saltamos?
> — Ah! Vocês, brancos, eram 'rapazes da Politécnica'. Eram 'acadêmicos'. Fizeram uma 'estudantada'... Mas, eu? Pobre de mim. Um pretinho. Era seguro logo pela polícia. Seria o único a ir preso".

Extraído do livro A Vida de Lima Barreto, de Francisco de Assis Barbosa

CONTEXTO DA PEÇA NEGRA PALAVRA: SOLANO TRINDADE: UMA AFRONTA AO RACISMO"[46]

"Ser preto no Brasil incomoda. Incomoda os racistas que não assumem seu racismo. Incomoda os progressistas que não entendem seu racismo. Incomoda os negros que sofrem só pela cor de sua pele. Porém, o incômodo é o primeiro passo para a inconformação que resulta na transformação de uma realidade. É o incômodo de sentir o racismo na pele que resulta na sua constatação em um país de racismo, sem racistas confessos. E após a constatação do histórico racismo estrutural à brasileira que se dá a mudança. Mas a mudança de uns pode significar o incômodo de pequenas parcelas brasileiras que vivem no conforto de seus privilégios históricos.

Por **Marco Aurélio da Conceição Correa**

"COLORISMO"

> "Negros de pele clara teriam privilégios num país onde a discriminação aumenta quanto mais escura for a cor da pele."

---

[46] Disponível em: https://www.justificando.com/2019/12/16/a-negra-palavra-de-solano-trindade/

" *Colorismo é a tese de que o sistema racista dá a negros de pele mais clara certos privilégios em relação aos negros de pele retinta. Também é chamado de pigmentocracia, um conceito que aponta dentro do movimento negro as dinâmicas da desigualdade racial. E, assim, busca combater o racismo de forma conjunta".*

"O racismo se refere ao preconceito de raça. O colorismo é preconceito de cor, pigmento. Parece a mesma coisa mas não é". "Por isso, negros retintos têm menos oportunidades de emprego, são menos aceitáveis aos padrões de beleza, enquanto negros de pele clara sofrem menos discriminação da branquitude".

Spartakus Santiago é youtuber, apresentador da MTV Brasil e publicitário formado em Comunicação pela UFF e direção de arte pela Miami

"Nos Estados Unidos, a discriminação é por relação de sangue: se tem avô preto, não adianta ter cara branca ou parecer branco. A pessoa continua sendo negra. No Brasil, a discriminação é fenotípica, aqui se discrimina por cor: quanto mais preto, mais discriminado. O preconceito se dá assim e o privilégio também".

"O colorismo existe, é uma realidade nas nossas vidas e uma questão muito específica da negritude, uma discussão dentro da nossa casa. É muito difícil uma pessoa não negra entender do que se trata. É uma questão que ninguém estava prestando atenção porque o Brasil deseja se embranquecer".

AD Junior é pesquisador e yuotuber brasileiro

"EXEMPLIFICAÇÃO DO COLORISMO"[47]

"Três mitos sobre a mulher negra na sociedade"

""O primeiro é o da mulher negra forte, barraqueira: a que se impõe, não leva desaforo para casa e não só tem uma condição psicológica forte o suficiente para aguentar apanhar, a fome e tudo, como também tem um corpo muito forte; o segundo mito é o ligado à mãe preta: a

---

[47] Disponível em: https://ponte.org/entenda-o-colorismo-por-que-fabiana-cozza-foi-criticada-pelo-papel-de-dona-ivone-lara/

mulher negra senhora que cozinha, é subserviente, abaixa sempre a cabeça, a ama de leite que cuida da casa, a tia Nastácia; por fim, o terceiro é o da mulata exportação: a que serve para satisfazer os prazeres, não é para casar, serve para gringo ver e mostrar lá fora que somos um país de 'mulheres fogosas', somos 'da cor do pecado'. Esses são os mitos", pontuou, puxando para a questão do colorismo.

"Os dois primeiros, da mulher negra barraqueira e da tia Nastácia, pelo que se pode analisar como difundido na sociedade, ambos são ligados à ideia de mulher negra de pele escura. Quando se pensa nesses ideais, pensa em uma mulher retinta, pobre", diz. "Já quando se pensa no mito da mulata exportação, é a negra de pele clara, magra, a mais embranquecida possível. E não quer dizer que essa mulher não sofra racismo".

Nátaly Neri é A maior youtuber negra do Brasil

"O IMPACTO DO RACISMO NO ACESSO Á ESCOLA"[48]

" Para a intelectual negra **Sueli Carneiro**, fundadora do Geledés - Instituto da Mulher Negra, o racismo estrutural presente nas escolas gera situações traumatizantes para os estudantes negros.

"O pós-abolição não restitui essa humanidade retirada - a escola reitera isso. Não é gratuito que nossas primeiras experiências com o racismo têm a ver com a entrada na escola".

POEMAS DE ADÃO VENTURA[49]

" **Negro forro**"
Minha carta de alforria
não me deu fazendas,
nem dinheiro no banco,
nem bigodes retorcidos.

---

[48] Fonte: Observatório de educação. Dispnível em: https://observatoriodeeducacao.institutounibanco.org.br/termos-de-uso

[49] Disponível em: https://www.pensador.com/autor/adao_ventura/

minha carta de alforria
costurou meus passos
aos corredores da noite
de minha pele.

"Comensais"
A minha pele negra
servida em fatias,
em luxuosas mesas de
jacarandá,
a senhores de punhos rendados
há 500 anos.

"Das Biografias (1)"
em negro
teceram-me a pele.

enormes correntes
amarram-me ao tronco
de uma Nova África.

carrego comigo
a sombra de longos muros
tentando impedir
que meus pés
cheguem ao final
dos caminhos.

mas o meu sangue
está cada vez mais forte,
tão forte quanto as imensas pedras
que os meus avós carregaram
para edificar os palácios dos reis.

POEMAS DE CAROLINA MARIA DE JESUS[50]

"Não digam que fui rebotalho,
que vivi à margem da vida.
Digam que eu procurava trabalho,
mas fui sempre preterida.
Digam ao povo brasileiro
que meu sonho era ser escritora,
mas eu não tinha dinheiro
para pagar uma editora."

– Carolina Maria de Jesus, em "Quarto de despejo", 1960.

Muitas fugiam ao me ver...
Muitas fugiam ao me ver
Pensando que eu não percebia
Outras pediam pra ler
Os versos que eu escrevia

Era papel que eu catava
Para custear o meu viver
E no lixo eu encontrava livros para ler
Quantas coisas eu quiz fazer
Fui tolhida pelo preconceito
Se eu extinguir quero renascer
Num país que predomina o preto

Adeus! Adeus, eu vou morrer!
E deixo esses versos ao meu país
Se é que temos o direito de renascer
Quero um lugar, onde o preto é feliz.

– Carolina Maria de Jesus, em "Antologia pessoal". (Organização José Carlos Sebe Bom Meihy). Rio de Janeiro: Editora UFRJ, 1996.

---

50 Disponível em: https://www.revistaprosaversoearte.com/carolina-maria-de-jesus-poemas/

POESIA DE CRISTIANE SOBRAL

"Retina Negra"
Sou preta fujona
Recuso diariamente o espelho
Que tenta me massacrar por dentro
Que tenta me iludir com mentiras brancas
Que tenta me descolorir com os seus feixes de luz

Sou preta fujona
Preparada para enfrentar o sistema
Empino o black sem problema
Invado a cena

Sou preta fujona
Defendo um escurecimento necessário
Tiro qualquer racista do armário
Enfio o pé na porta e entro

Cristiane Sobral é atriz, escritora, dramaturga e poeta brasileira. Estudou teatro no SESC do Rio de Janeiro, em 1989. No ano seguinte mudou-se para Brasília, onde montou a peça Acorda Brasil. Foi a primeira atriz negra graduada em Interpretação Teatral pela Universidade de Brasília.

"23 EXPRESSÕES RACISTAS E SEUS SIGNIFICADOS"[51]

1. " Meia tigela": Os negros que trabalhavam à força nas minas de ouro nem sempre conseguiam alcançar suas "metas". Quando isso acontecia, recebiam como punição apenas metade da tigela de comida e ganhavam o apelido de "meia tigela", que hoje significa algo sem valor e medíocre.
2. "Mulata": Na língua espanhola, referia-se ao filhote macho do cruzamento de cavalo com jumenta ou de jumento com égua. A

---

51 Fonte: SECRETARIA DE ESTADO DE DIREITOS HUMANOS (SEDH). Disponível em: https://sedh.es.gov.br/Not%C3%ADcia/novembro-negro-conheca-algumas-expressoes-racistas-e-seus-significados

enorme carga pejorativa é ainda maior quando se diz "mulata tipo exportação", reiterando a visão do corpo da mulher negra como mercadoria. A palavra remete à ideia de sedução, sensualidade.

3. **"Cor do pecado"**: Utilizada como elogio, se associa ao imaginário da mulher negra sensualizada. A ideia de pecado também é ainda mais negativa em uma sociedade pautada na religião, como a brasileira.

4. **"Não sou tuas negas"**: A mulher negra como "qualquer uma" ou "de todo mundo" indica a forma como a sociedade a percebe: alguém com quem se pode fazer tudo. Escravas negras eram literalmente propriedade dos homens brancos e utilizadas para satisfazer desejos sexuais, em um tempo no qual assédios e estupros eram ainda mais recorrentes. Portanto, além de profundamente racista, o termo é carregado de machismo.

5. **"Denegrir"**: Sinônimo de difamar, possui na raiz o significado de "tornar negro", como algo maldoso e ofensivo, "manchando" uma reputação antes "limpa".

6. **"A coisa tá preta"**: A fala racista se reflete na associação entre "preto" e uma situação desconfortável, desagradável, difícil, perigosa.

7. **"Serviço de preto"**: Mais uma vez a palavra preto aparece como algo ruim. Desta vez, representa uma tarefa malfeita, realizada de forma errada, em uma associação racista ao trabalho que seria realizado pelo negro.

8. **"Mercado negro, magia negra, lista negra e ovelha negra"**: Entre outras inúmeras expressões em que a palavra 'negro' representa algo pejorativo, prejudicial, ilegal.

9. **"Inveja branca"**: Mais uma expressão que associa o negro ao comportamento negativo. Inveja é algo ruim, mas se ela for branca é suavizada.

10. **"Amanhã é dia de branco"**: Essa expressão tem muitas explicações. De acordo com estudiosos e por explicações do senso comum, tal afirmação foi criada em alusão ao uniforme da marinha. Outra justificativa para a declaração é feita com menção a nota de mil cruzeiros, que possuía a estampa do Barão do Rio Branco e, portanto, usava trajes brancos. Resumindo, dizer que o dia posterior é "de branco" significa que é um dia de trabalho ou de ganhar dinheiro. Mas, sabe-se que tal dito popular foi ganhando senti-

dos preconceituosos, uma maneira de demonstrar a "inferioridade dos negros".
11. **"Criado-mudo"**: O nome do móvel que geralmente é colocado na cabeceira da cama vem de um dos papéis desempenhados pelos escravos dentro da casa dos senhores brancos: o de segurar as coisas para seus "donos". Como o empregado não poderia fazer barulho para atrapalhar os moradores, ele era considerado mudo. Logo essa expressão se refere a esses criados.
12. **"Doméstica"**: Domésticas eram as mulheres negras que trabalhavam dentro da casa das famílias brancas e eram consideradas domesticadas. Isso porque os negros eram vistos como animais e por isso precisavam ser domesticados através da tortura.
13. **"Nasceu com um pé na cozinha"**: Expressão que faz associação com as origens. "Ter o pé na cozinha" é literalmente ter origens negras. A mulher negra é sempre associada aos serviços domésticos, já que as escravas podiam ficar dentro das casas grandes na parte da cozinha, onde, inclusive, dormiam no chão (sua presença dentro da casa grande facilitava o assédio e estupro por parte dos senhores).
14. **"Barriga suja"**: Outro termo que faz relação à origem é usado quando a mulher tem um filho negro. Se ela teve um filho negro, algo impuro — como uma "barriga suja" — explica esse fato.
15. **"Cabelo ruim ou cabelo duro"**: São falas racistas mais usadas, principalmente na fase da infância, pelos colegas. No entanto, elas se perpetuam até a vida adulta. Falar mal das características dos cabelos Afro também é racismo.
16. **"Feito nas coxas"**: A origem da expressão popular "feito nas coxas" deu-se na época da escravidão brasileira, onde as telhas eram feitas de argila, moldadas nas coxas de escravos.
17. **"Samba do crioulo doido"**: Título do samba que satirizava o ensino de História do Brasil nas escolas do País nos tempos da ditadura, composto por Sergio Porto (ele assinava com o pseudônimo de Stanislaw Ponte Preta). No entanto, a expressão debochada, que significa confusão ou trapalhada, reafirma um estereótipo e a discriminação aos negros.

18. "Crioulo/Negão": Era a designação do filho de escravizados, é um termo extremamente pejorativo e discriminador do indivíduo negro ou afrodescendente.
19. "Tem caroço nesse angu": A expressão possui origem em um truque realizado pelos escravizados para melhor se alimentarem. Quando o prato era composto de angu de fubá, o que acontecia com frequência. A escravizada que lhes servia, por vezes, conseguia esconder um pedaço de carne ou alguns torresmos embaixo do angu.
20. "Nhaca": Desde o português do Brasil Colônia, vem sendo usada para referir-se ao mal cheiro, forte odor, no entanto Inhaca é uma Ilha de Maputo, em Moçambique, onde vivem até hoje os povos Nhacas, um povo Ban.
21. "Disputar a nega": Possui sua origem não só na escravização, como também na misoginia e no estupro. Quando os "senhores" jogavam algum esporte ou jogo, o prêmio era uma escravizada negra.
22. "Preto de alma branca": Tentativa de elogiar uma pessoa preta fazendo referência à dignidade dela como algo pertencente apenas às pessoas brancas.
23. "Macumbeiro/Galinha de macumba/ Chuta que é macumba": Expressão que discrimina as(os) praticantes de religiões de matriz africana."

TRECHOS DA ENTREVISTA AO R7 AO REPÓRTER GUILHERME PADIN, EM 25/12/2019 A CONCEIÇÃO EVARISTO:[52]

"SUA COMPREENSÃO SOBRE O RACISMO SE FORMOU COM O TEMPO OU DESDE PEQUENA JÁ NOTAVA?"

"Desde pequena. À medida que saí do espaço onde fui criada e do entorno familiar, e entrei para o jardim de infância – relembrando alguns fatos -, esses fatos já indicava modos de relações raciais na sociedade

---

[52] Fonte: Correio do Povo ARTE & AGENDA. Disponível em: https://www.correiodopovo.com.br/arteagenda/concei%C3%A7%C3%A3o-evaristo-a-quest%C3%A3o-racial-n%C3%A3o-%C3%A9-para-o-negro-resolver-1.389051

brasileira. O próprio curso primário. Ao longo da vida, eu sofri vários fatos de racismo. E não só eu como as pessoas negras, crianças negras da favela onde nasci e me criei. Para uma criança negra, a escola é o primeiro lugar que aponta essa diferença, que faz dessa diferença algo negativo. Tínhamos uma percepção, mas não priorizada. Mas a gente sabia, por exemplo, as crianças que vinham da favela tinham outra recepção na escola. O que chamam de buylling hoje é o racismo que experimentamos desde sempre. Era chamada de macaca, neguinha, pobre, favelada. Esses apelidos todos negativos em relação à população negra, sempre nessa premissa."

"VOCÊ ACREDITA QUE O NEGRO NO BRASIL TEM UMA MARGEM DE FALHA MENOR?"

"Sem sombras de dúvidas. As pessoas negras são muito mais cobradas. A gente já recebe essa formação. Sabemos que não podemos falhar. Então nos espaços em que estamos temos uma responsabilidade muito grande. Porque se um sujeito falha, é como se toda a comunidade estivesse falhando. O negro não pode ser bom, ele tem que ser ótimo do ótimo. E mesmo assim ele sendo ótimo, sua competência é negada.

"Mas hoje temos também uma juventude negra que é atenta a isso, que não é tão exigente com ela mesmo como os negros da minha geração. Essa juventude negra reivindica a possibilidade de ser reconhecida como sujeito humano, e não como o supra-sumo.".

"DE QUE MANEIRA OS BRANCOS – E A SOCIEDADE EM GERAL – PODEM COOPERAR PARA OS AVANÇOS NA BUSCA POR EQUIDADE?"

"A questão racial no Brasil não é uma questão para o negro resolver, como a pobreza não é para o pobre resolver. O machismo também não é uma questão para a mulher resolver. Porque, se não, o sujeito que é vítima e sacrificado ainda tem que procurar resposta. A questão negra no Brasil não é uma questão do negro, é uma questão da sociedade."

"Os brancos têm uma responsabilidade muito grande na procura por essa resposta. Nós sozinhos não damos conta… já somos sacrificados. É uma questão de todo o brasileiro, como a questão indígena é de todo brasileiro. Todo cidadão tem responsabilidade sobre isso. Temos que buscar os mais diferentes espaços, no trabalho, apoiando as demais manifestações, é uma questão da sociedade brasileira."

TOM FARIAS: "CAROLINA AINDA CONTINUA ASSOMBRANDO A SOCIEDADE BRASILEIRA"[53]

"Carolina de Jesus sobreviveu ao sistema porque também soube manipular este sistema. Em poucos anos, saiu da condição de totalmente invisibilidade e miserabilidade, para o cume da fama e do dinheiro. Aquelas mesmas pessoas que a rejeitavam socialmente, hipoteticamente, passaram a venerar. É emblemático saber que Carolina passa a ser vista como elemento social a partir do seu livro: os convites para os banquetes, as hospedagens nos hotéis de luxo, os vestidos caros e as joias, o convívio com homens públicos – de príncipes a presidentes da República. Carolina se transformou num selo social. Estar com ela era sinal de resignação, boa conduta cristã. Sobre a invisibilidade, Carolina chegou a ser vista como alternativa de poder: seu nome foi lembrado para ser vice em chapas para prefeito, para candidaturas a deputados e mesmo de embaixadora. Para quem até às vésperas do lançamento do seu livro famoso era vista como 'mendiga e suja'. Era uma revolução", conta o jornalista e escritor Tom Farias, autor de "Carolina: uma biografia" (Malê, 402 páginas)

Tom Farias é jornalista, escritor, biógrafo e crítico literário, com especialização em literatura do final do século 19.

---

[53] Disponível em: https://tribunademinas.com.br/colunas/sala-de-leitura/25-06-2019/tom-farias-carolina-ainda-continua-assombrando-a-sociedade-brasileira.html

FATOS E NOTÍCIAS SOBRE O RACISMO ESTRUTURAL

"AFINAL, ONDE ESTÁ A ESTRUTURA DO "RACISMO ESTRUTURAL"?[54]

"O sociólogo Jessé Souza reconstrói, no livro 'Como o racismo criou o Brasil', a história do país e de sua identidade essencialmente racista a partir das muitas máscaras sob as quais o preconceito se esconde. Leia um trecho:

"O neoliberalismo disfarçado de lugar de fala emancipador não é o único obstáculo cognitivo e político no campo dos que imaginam estar lutando contra o racismo. No Brasil também virou moda nos últimos tempos falar de "racismo estrutural" como uma espécie de palavra-chave que supostamente abriria todas as portas do "segredo" do racismo. Encontramos aqui a velha estratégia: quando não sabemos muito sobre algum assunto, mas queremos passar aos outros a impressão de que sabemos muito, basta usar o adjetivo "estrutural". Precisamente por ser uma categoria que promete muito —ou seja, o desvelamento profundo da essência do racismo na sociedade—, mas entrega pouco mais que um nome mágico e uma alusão ao que fica escondido, é inevitável despertar um sentimento de impotência e frustração em quem busca entendê-la. Em fevereiro de 2021, em entrevista à *Folha de S.Paulo*, o professor de Direito da UFBA Samuel Vida, ele próprio negro, deu voz a essa frustração nos seguintes termos:"

"OS BRANCOS COMETEM MAIS CRIMES PATRIMONIAIS QUE OS NEGROS, E OS PERIGOSOS SOMOS NÓS"[55]

Irapuã Santana é membro do movimento liberal Livres e voluntário na Educafro, advogado foge do estereótipo da polarização ao defender o liberalismo ao mesmo tempo em que se engaja na luta antirracista

---

[54] Disponível em: https://brasil.elpais.com/cultura/2021-09-01/afinal-onde-esta-a-estrutura-do-racismo-estrutural.html

[55] Disponível em: https://brasil.elpais.com/sociedad/2021-08-21/irapua-santana-os-brancos-cometem-mais-crimes-patrimoniais-que-os-negros-e-os-perigosos-somos-nos.html

TRECHOS DE DEPOIMENTOS SOBRE RACISMO ESTRUTURAL[56]

@ Universidade Federal de Juiz de Fora 2021

"RACISMO ESTRUTURAL PRIVILEGIA CONHECIMENTO EUROCÊNTRICO"

"O racismo no Brasil é estrutural e institucionalizado, e permeia todas as áreas da vida, inclusive a da educação. O racismo faz parte da estrutura social brasileira, está enraizado em nossa sociedade, e se configura quando pessoas negras são excluídas da maioria das estruturas sociais e políticas, e age numa perspectiva que privilegia as pessoas brancas, colocando em desvantagem as pessoas negras Isso se tornou possível devido ao "mito da democracia racial", uma narrativa fantasiosa que diz que não há racismo no país, que somos todos iguais, que não há divisão de classes sociais e nem desprezo pelas identidades negras. Com referência à academia, o racismo institucional e estrutural sempre privilegiou o conhecimento eurocêntrico, concedendo superioridade e centralidade à visão europeia sobre as outras visões de mundo. A intenção da visão de mundo europeia é de universalizar o conhecimento a partir dela, considerando-o como único e portador da verdade. Boaventura de Sousa Santos, cunhou o termo epistemicídio para se referir à destruição dos conhecimentos, dos saberes e das tradições de povos que foram alvos da exploração colonial. O epistemicidio é a tentativa de apagamento e de invisibilização da cultura negra no Brasil. No caso da população negra, essa realidade se mostra como uma das facetas do racismo estrutural de nossa sociedade. Os sinais do racismo epistêmico aparecem não apenas nas limitações ao acesso de negras e negros nas universidades, mas também quando o conhecimento produzido por eles é desconsiderado. A importância das pesquisas que rompem com o racismo estrutural e com o mito da democracia racial atuam no sentido de denunciar e desvelar as diversas facetas da discriminação a que está submetida à população negra no Brasil em todos as esferas da vida." (…)

Sônia Lage-Departamento de Ciência e religião

---

56 Disponível em: https://www2.ufjf.br/noticias/2021/03/29/racismo-estrutural-privilegia-conhecimento-eurocentrico/

"As relações sociais são bastante complexas, sendo necessário compreender muito bem as principais vertentes dos estudos étnico-raciais, se quisermos superar as desigualdades existentes.

(...) Eu compreendo que "raça", não enquanto categoria biológica, mas social, é um elemento fundamental e determinante nas relações sociais brasileiras, para além da questão econômica. O processo de escravização que se deu, desumanizou os africanos, pois não foi somente uma exploração econômica, mas se deu a retirada da identidade étnica. Eu me posiciono nesta quarta vertente e penso que a minha contribuição é a de orientar as novas gerações, para que compreendam tais premissas e, a partir delas, possam iniciar a fazer ouvir nossas vozes na sociedade brasileira, vozes ainda hoje invisibilidadas e silenciadas."

Julvan Moreira de Oliveira– Faculdade de Educação

"Só podemos entender a estrutura do racismo se compreendermos que ele é elemento constituinte da política, da economia, da educação, das práticas científicas, dentre outras"

"Sabemos que a naturalização de pensamentos e comportamentos sustenta o racismo estrutural. Sempre estamos nos deparando com atitudes e ações que, ao nosso ver, dão suporte a este tipo de racismo, que muitas vezes aparecem em situações sutis no comportamento e na defesa da dita democracia racial (...)

Willian Cruz – Departamento de Matemática

"Acho que as pesquisas científicas e as ciências sociais revelam que o racismo é sempre estrutural, ou seja, que ele é um elemento que integra a organização econômica e política da sociedade."

"A sociedade contemporânea não pode ser compreendida sem os conceitos de raça e racismo"

Francione Oliveira – Faculdade de Educação

"RACISMO ESTRUTURAL NÃO É CRIME, MAS DEVE SER DEBATIDO, DIZEM ESPECIALISTAS."[57]

"Racismo estrutural não é crime, mas precisa ser reconhecido e debatido pela sociedade brasileira, segundo juristas e ativistas ouvidos pelo UOL. Os comentários foram feitos depois que o racismo estrutural foi incluído como um dos fundamentos que embasaram a qualificante de motivo porte no indiciamento dos seis suspeitos de envolvimento na morte de João Alberto Silveira Freitas, 40, que foi espancado no supermercado Carrefour, em Porto Alegre, em 19 de novembro."

"Conscientemente, ninguém se atribui detentor de preconceitos. Os discursos são de que o Brasil é um país que sempre acolheu múltiplas raças, possui uma vasta diversidade cultural, portanto, não pratica o preconceito. Em nosso âmago sabemos que é uma inverdade. Diariamente vemos gestos, olhares, expressões, atitudes, dos quais se infere a discriminação, em quaisquer de suas formas e pelas mais variadas razões."
Roberta Beroldo, delegada, no relatório de conclusão do inquérito

Na verdade, não existe um crime de racismo estrutural. Existem situações em que você consegue compreender e identificar que esse racismo estrutural está presente. Que foi basicamente o que aconteceu nesse caso. João Alberto foi espancado e assassinado, justamente porque corpos negros são historicamente mais passíveis de serem violentados. É nesse sentido que existe o racismo estrutural dentro desse caso."
Irapuã Santana, doutor em Direito Processual pela UERJ

---

57 Fonte: uolnoticiascotidiano. Disponível em: https://noticias.uol.com.br/cotidiano/ultimas-noticias/2020/12/12/racismo-estrutural-indiciamento-joao-alberto.amp.htm

As tipificações penais, como racismo e injúria racial, não abrangem todo o conceito sociológico que implica na compreensão do racismo estrutural. O racismo estrutural é muito mais amplo do que as tipificações penais."
Gabriel Sampaio, da Conectas Direitos Humanos

※

(…) o racismo estrutural não é inédito. Mas é preciso avançar. "O brasileiro tem uma estratégia de negação sobre o racismo. E isso sempre fez com que o racismo aumentasse. Não tem como as pessoas entenderem a forma como o racismo se manifesta se não entenderem o que é o racismo. Vimos uma fragilidade na produção do texto do relatório exatamente porque é um tema novo."
Gleidson Renato Martins, mestrando em Direito e dirigente nacional do Movimento Negro Unificado (MNU)

"SONIA ROSA LUTA POR UMA LITERATURA ANTIRRACISTA"[58]

"Acho que várias das manifestações racistas são originadas dessa deformação, dessa sociedade que não é igualitária. Ter, portanto, a chance de mexer nas relações dos pequeninos, nesse racismo estrutural, é um dos maiores prêmios para mim."

"É Angela Davis quem alerta a todos: não basta, só e tão só, não ser racista; deve-se cultivar, sempre e tão sempre, uma postura antirracista. A colocação da filósofa norte-americana, um chamado em prol de um comportamento ativo e empático, ressoa por entre manifestações e países diversos. Na literatura brasileira contemporânea, por exemplo, a autora Sonia Rosa busca descolonizar o imaginário dos pequenos leitores: por meio de personagens como Nito, um menino que não aprisiona o choro, e Zumbi, o líder do Quilombo dos Palmares, a artista elabora tramas que valorizam os negros – fictícios ou reais."

---

58 Disponível em: https://www.itaucultural.org.br/secoes/entrevista/sonia-rosa-luta-por-uma-literatura-antirracista

"MAURÍCIO TIZUMBA GANHA LIVRO BIOGRÁFICO ESCRITO PELA FILHA"[59]

Livro assinado por Júlia Tizumba é resultado do trabalho de pós-graduação da atriz e jornalista, com foco no teatro negro

"Maurício Tizumba é um gigante da arte afro-brasileira. São 50 anos de carreira como ator, músico, compositor e diretor musical. Tizumba se formou pelo Teatro Universitário da UFMG e já atuou em dezenas de espetáculos, fez turnês internacionais e fundou a Cia. Burlatins, em Belo Horizonte, na década de 90. Agora, sua história vira biografia, sob autoria de sua filha, a também atriz, cantora e jornalista Júlia Tizumba."

"LITERATURA "NEGRA" OU LITERATURA DE AUTORIA NEGRA?"[60]

O angolano João Melo não acredita em "lugar de fala" na literatura, pois a arte é o lugar da empatia por excelência.

(...) "Seja como for, admito que, no caso da diáspora negra, o problema se ponha de maneira diferente. Por isso, não tenho, nesse caso, nenhuma dificuldade em entender a pertinência e eventualmente a utilidade de recorrer à fórmula "literatura negra" para classificar e enquadrar a produção de autores negros. A discriminação histórica de que são vítimas as populações negras diaspóricas, muitas vezes em países que eles próprios ajudaram a construir, como sucede nas américas, tem ainda hoje como consequência a sua marginalização social, por várias razões, da natureza eurocêntrica do cânone hegemónico à dificuldade de acesso à instrução e educação pelos grupos em questão, bem como aos preconceitos ideológicos das diferentes instâncias culturais (academia, editoras, etc.) e da grande mídia. Como a referida discriminação tem um fundo racial estrutural, reivindicar a existência de uma literatura "negra" faz parte, portanto, de um necessário movimento identitário, que visa resgatar a legitimidade de tudo aquilo

---

59 Disponível em: https://ufmg.br/comunicacao/noticias/mauricio-tizumba-ganha-livro-biografico-escrito-pela-filha-julia-tizumba

60 Disponível em: https://rascunho.com.br/liberado/literatura-negra-ou-literatura-de-autoria-negra/

que é "negro". Ou seja, "black is beautiful", seja em que campo ou vertente for.

Repito: entendo isso. Mas, de que estaremos nós a falar, de facto, quando falamos em "literatura negra"? De literatura de temática "negra"? Ou de literatura produzida por autores negros? Em regra, a utilização dessa designação aponta para uma realidade aparentemente simples, mas equívoca: "literatura negra" seria a literatura escrita por autores negros sobre temáticas negras. Tal entendimento, contudo, é duplamente restritivo: primeiro, parece indicar que apenas autores negros podem escrever sobre temas e assuntos relacionados com as comunidades negras; segundo, como que interdita esses mesmos autores negros de abordarem outro tipo de tópicos ou questões. Felizmente, a história da literatura demonstra que os verdadeiros escritores estão acima dessa tacanha compartimentalização. É por isso que eu prefiro a expressão "literatura de autoria negra", em vez de "literatura negra"."

"ABDULRAZAK GURNAH, ESCRITOR DA TANZÂNIA, VENCE O NOBEL DE LITERATURA DE 2021"[61]

"O romancista Abdulrazak Gurnah venceu o prêmio Nobel de Literatura deste ano, o maior reconhecimento mundial a um escritor vivo."

"Nascido na ilha de Zanzibar e radicado no Reino Unido, romancista é expoente do pós-colonialismo."

"Os personagens itinerantes de Gurnah, na Inglaterra ou no continente africano, se encontram entre a vida deixada para trás e a vida que vem adiante", disse o porta-voz da Academia Sueca. "Enfrentando o racismo e o preconceito, mas também se impelindo a silenciar a verdade ou reinventar suas biografias para evitar conflito com a realidade."

"Dos 118 escritores escolhidos até hoje, apenas 16 foram mulheres. Só três pessoas negras venceram além de Gurnah –O nigeriano Soyinka, a americana Toni Morrison e Derek Walcott, da ilha caribenha de Santa Lúcia."

---

[61] Disponível em: https://www.geledes.org.br/abdulrazak-gurnah-escritor-da-tanzania-vence-o-nobel-de-literatura-de-2021/?utm_source=pushnews&utm_medium=pushnotification

"14 MÚSICAS BRASILEIRAS CONTRA O RACISMO"[62]

1. O Canto dos Escravos (domínio público, 1928) – Clementina de Jesus, Geraldo Filme e Doca da Portela
2. Tributo a Martin Luther King (sambalanço, 1967) – Wilson Simonal e Ronaldo Bôscoli
3. Negro é Lindo (samba-rock, 1971) – Jorge Benjor
4. Podes Crer, Amizade (música soul, 1972) – Tony Tornado e Major
5. Pérola Negra (MPB, 1973) – Luiz Melodia
6. Mandamentos Black (baile, 1977) – Gerson King Combo, Augusto César e Pedrinho
7. Sarará Miolo (tropicália, 1979) – Gilberto Gil
8. Brasil Mestiço, Santuário da Fé (samba, 1980) – Paulo César Pinheiro e Mauro Duarte
9. Sorriso Negro (samba, 1981) – Jorge Portela e Adilson Barbado
10. Olhos Coloridos (música soul, 1982) – Macau
11. Lágrima do Sul (Clube da Esquina, 1985) – Milton Nascimento e Marco Antônio Guimarães
12. Sá Rainha (MPB, 1999) – Maurício Tizumba
13. Identidade (samba, 1999) – Jorge Aragão
14. Festa de Caboclo (samba, 2001) – Martinho da Vila.

"15 OBRAS SOBRE O RACISMO"[63]

1. Pequeno manual antirracista, de Djamila Ribeiro (2019) – Companhia das Letras-
2. Mulheres, raça e classe, de Angela Davis (2016) – Boitempo-
3. O sol é para todos. eBook Kindle, de Harper Lee (2015) – José Olympio-

---

62 Disponível em: https://esquinamusical.com.br /14-musicas-brasileiras-contra-o-racismo/

63 Disponível em: https://aventurasnahistoria.uol.com.br/noticias/book-friday-amazon/15-obras-fundamentais-sobre-luta-racial.phtml?fbclid=IwAR0h-07oQHTnrbp2pZA0XK64kkPOch8Q9Iqmn9mlGajPS4yTJ3KGo4dywEM

4. Memórias da plantação: Episódios de racismo cotidiano, de Grada Kilomba (2019) – Cobogó-
5. Racismo, Sexismo e Desigualdade no Brasil (Consciência em Debate) eBook Kindle, de Sueli Carneiro (2015) – Selo Negro
6. Caminhos trilhados na luta antirracista, de Zélia Amador de Deus-Autêntica-
7. Guardei no armário (Nova edição) - Trajetórias, vivências e a luta por respeito à diversidade racial, social, sexual e de gênero, de Samuel Gomes-Paralela-
8. Pele negra, máscaras brancas, de Frantz Fanon (2020) – Ubu-
9. As Almas do Povo Negro, de W.E.B. Du Bois (2021) – Vaneta-
10. Eu sei por que o pássaro canta na gaiola, de Regiane Winarski (2018) – Astral Cultural-
11. Escravidão – Volume 1: Do primeiro leilão de cativos em Portugal até a morte de Zumbi dos Palmares, de Laurentino Gomes (2019) – Globo Livros
12. Racismo Estrutural, de Silvio Almeida (2019) - Jandaíra
13. Racismo linguístico: os subterrâneos da linguagem e do racismo, de Gabriel Nascimento (2019) – Letramento-
14. Racismos: Das Cruzadas ao século XX, de Francisco Bethencourt (2018) –Companhia das Letras
15. O Genocídio do negro brasileiro: Processo de um racismo mascarado, de Abdias Nascimento (2016) – Companhia das Letras

80 FALAS NEGRAS — (IDADE DA MAZZA, REPRESENTADA PELO Nº 80)[64]

1. "É chegada a hora de tirar nossa nação das trevas da injustiça racial."
   " **Zumbi dos Palmares-** líder quilombola brasileiro, o último dos líderes do Quilombo dos Palmares, o maior dos quilombos do período colonial. Símbolo da luta antiescravista brasileira.

2. "Me afirmo e confirmo, sou linha tênue de minha estrada, sou negra de cabelo crespo, sou Dandara"
   Dandara -guerreira negra do período colonial do Brasil. Após ser presa, cometeu suicídio se jogando de uma pedreira ao abismo para não retornar à condição de escrava. Foi esposa de Zumbi dos Palmares e com ele teve três filhos.

3. "Em nós, até a cor é um defeito. Um imperdoável mal de nascença, o estigma de um crime. Mas nossos críticos se esquecem que essa cor, é a origem da riqueza de milhares de ladrões que nos insultam; que essa cor convencional da escravidão tão semelhante à da terra, abriga sob sua superfície escura, vulcões, onde arde o fogo sagrado da liberdade."
   Luís Gama, um dos maiores abolicionistas da história do Brasil

4. "Davam-nos água imunda, podre e dada com mesquinhez, a comida má e ainda mais porca: vimos morrer ao nosso lado muitos companheiros à falta de ar, de alimento e de água. É horrível lembrar que criaturas humanas tratem a seus semelhantes assim e que não lhes doa a consciência de levá-los à sepultura asfixiados e famintos!"

---

[64] Fontes e referências: Grupo de Estudos em Literatura Brasileira Contemporânea, Programa de Pós-Graduação em Literatura da Universidade de Brasília (UnB)
https://br.pinterest.com/pin/724587027528843278/
https://br.pinterest.com/
https://www.belasmensagens.com.br/frases-contra-o-racismo
https://www.geledes.org.br/michael-jordan-revela-l uta-contra-o-racismo-em-seu-novo-livro/
https://doi.org/10.1590/2316-40185121

Maria Firmina dos Reis, escritora, trecho do seu livro "Ursula", que conta a história de uma escrava e a situação dos negros do Brasil no século XIX

5. "O racismo no Brasil se caracteriza pela covardia. Ele não se assume e, por isso, não tem culpa nem autocrítica. Costumam descrevê-lo como sutil, mas isto é um equívoco. Ele não é nada sutil, pelo contrário, para quem não quer se iludir ele fica escancarado ao olhar mais casual e superficial"

Abdias do Nascimento- ator, poeta, escritor, dramaturgo, artista plástico, professor universitário, político e ativista dos direitos civis e humanos das populações negras brasileiras.

6. "Eu creio que é difícil ser negro e é difícil ser intelectual no Brasil. Essas duas coisas, juntas, dão o que dão, não é? É difícil ser negro porque, fora das situações de evidência, o cotidiano é muito pesado para os negros. É difícil ser intelectual porque não faz parte da cultura nacional ouvir tranquilamente uma palavra crítica."

Milton Santos- geógrafo, escritor, cientista, jornalista, advogado e professor universitário brasileiro

7. "Eu escrevia peças e apresentava aos diretores de circo. Eles me respondiam:

– É pena você ser preta. Esquecendo eles que eu adoro a minha pele negra, e o meu cabelo rústico. Eu até acho o cabelo de negro mais iducado do que o cabelo de branco. Porque o cabelo de preto, onde põe, fica. É obediente. E o cabelo de branco, é só dar um movimento na cabeça ele já sai do lugar. É indisciplinado. Se é que existe reincarnações, eu quero voltar sempre preta."

Carolina de Jesus, uma das primeiras escritoras negras do Brasil

8. "Se a mulher negra hoje permanece ocupando empregos similares aos que ocupava na sociedade colonial, é tanto devido ao fato de ser uma mulher da raça negra, como por terem sido escravos seus antepassados"

Maria Beatriz Nascimento- historiadora, professora, roteirista, poeta e ativista pelos direitos humanos de negros e mulheres brasileira.

9. "O racismo é um sistema de dominação, exploração e exclusão que exige a resistência sistemática dos grupos por ele oprimidos, e a organização política é essencial para esse enfrentamento."

Sueli Carneiro- filósofa, escritora e ativista antirracismo do movimento social negro brasileiro. Sueli Carneiro é fundadora e atual diretora do **Geledés** — Instituto da Mulher Negra e considerada uma das principais autoras do feminismo negro no Brasil.

10. "No momento em que começamos a falar do racismo e suas práticas em termos de mulher negra, já não houve mais unanimidade. Nossa fala foi acusada de emocional por umas e até mesmo de revanchista por outras; todavia, as representantes de regiões mais pobres nos entenderam perfeitamente (eram mestiças em sua maioria)."

Lélia Gonzalez- autora, política, professora, filósofa e antropóloga brasileira. Foi pioneira nos estudos sobre Cultura Negra no Brasil e co-fundadora do Instituto de Pesquisas das Culturas Negras do Rio de Janeiro, do Movimento Negro Unificado e do Olodum.

11. "Infelizmente apesar da luta o racismo nos trouxe grandes perdas, muitas vezes perdemos importantes espaços pela ignorância de muitos. Nosso ganho é ver nossos jovens dentro da Universidades lutando por igualdade, hoje vemos um genocídio dos nossos jovens negros, das mulheres negras, isso é um retrocesso da nossa luta ancestral."

Mãe Meninazinha de Oxum- ialorixá brasileira, filha de Oxum. É a mais famosa ialorixá da Bahia e uma das mais admiradas mães-de-santo do país. Foi empossada como ialorixá aos 28 anos, em 18 de fevereiro de 1922

12. "Afinal, a sabedoria não tem cor e não pertence a nenhuma raça específica"

Mãe Stella de Oxossi- foi a quinta Iyalorixá de um dos terreiros de candomblé mais tradicionais de Bahia, o Ilê Axé Opô Afonjá

13. "Não sou descendente de escravos. Sou descendente de pessoas que foram escravizadas".

Makota Valdinha – educadora, sacerdotisa religiosa e ativista brasileira

14. "Sou mulher negra de tradição de matriz africana, mãe de um jovem rastafári. Uma mulher que acredita que ter fé, é ter compromisso com a vida, com a liberdade e a democracia. Nós mulheres negras sabemos a dor e a delícia de sermos oriundas de uma trajetória de vidas permeadas pelo racismo, pela opressão, pelo machis-

mo e homofobia. Mulheres que mesmo na adversidade conseguem extrair a beleza de ser Mulher Negra, mães e guerreiras."

Makota Celinha Gonçalves- Jornalista, empreendedora social da Rede Ashoka e coordenadora nacional do Centro Nacional de Africanidade e Resistência.

15. "O imaginário brasileiro, pelo racismo, não concebe reconhecer que as mulheres negras são intelectuais"

Conceição Evaristo, escritora brasileira, uma das mais influentes literatas do movimento pós-modernista no Brasil.

16. "Já não morro mais, eu e Conceição não morremos mais, nós escrevemos como setas indicando caminhos para nosso futuro de luta, de quebras de racismo, de preconceitos, e da nossa afirmação enquanto gente negra dentro de uma sociedade que faz muita força para nos derrubar. Mas nós não caímos e não vamos cair, porque nós estamos plantando. E minha mãe dizia: quem planta, colhe."

Geni Guimarães- escritora, poetisa, romancista e ativista, autora de 10 livros de poemas, contos e infantis.

17. "Se a gente diz que tem racismo no Brasil é porque tem racismo nas relações, nas pessoas, na história das pessoas. Então você tem que adotar uma série de mecanismos para impedir que os efeitos do racismo levem à morte, ao sofrimento. Quando a gestão de saúde não se interpõe, é o racional institucional. O racismo internalizado, o racismo interpessoal. É a forma como o racismo estrutural vence no final. É a forma como os brancos vivem seu privilégio"

Jurema Werneck-feminista, médica, autora e doutora em Comunicação e Cultura pela Universidade Federal do Rio de Janeiro. Ativista do movimento de mulheres negras brasileiro e dos direitos humanos, assumiu a Direção Executiva da Anistia Internacional -Brasil, em fevereiro de 2017

18. "Assim, eu sinto o racismo, e não tem como isso não me tocar pessoalmente e profissionalmente. E pessoalmente, só se vai superar o racismo quando esse sentimento não for só meu, de mulher negra, mas quando ele for de todo cidadão brasileiro, independentemente do seu pertencimento étnico e racial'

Nilma Lino Gomes- Professora Titular Emérita da Faculdade de Educação da UFMG, doutora em Antropologia Social USP e pós-doutora em Sociologia Universidade de Coimbra.

19. "Eu sou uma mulher negra num país racista, algo definidor de quem sou, posto isso, tenho liberdade criativa irrestrita e me apresento como escritora, não tenho a necessidade de usar as categorias mulher e negra para definir pertencimento em minha minibiografia."
Cidinha Silva- escritora brasileira. Graduada em História pela UFMG. Presidiu o Geledés - Instituto da Mulher Negra e fundou o Instituto Kuanza, que promove ações de educação, ações afirmativas e articulação comunitária para a população negra.

20. "Cabe a cada um olhar para dentro e reconhecer, perceber as nossas condutas racistas. É se interrogar, olhar no espelho e enxergar que o racismo existe, está entre nós. Fazer o processo de reflexão e interrogação e assumir um compromisso na luta antirracista, que não pode se limitar ao mês de novembro. É uma luta de todos".
Luana Tolentino-

21. "A minha pele preta não me define, o racista não me define, as lutas não me definem, as dificuldades não me definem, tampouco as derrotas."
Kiusam de Oliveira-

22. ""Não deixei que o racismo me atingisse moral ou fisicamente". E mais: "Nunca olhei no espelho a cor da minha pele. Me olho como mulher e ser humano
Elza Soares- cantora e compositora brasileira. Em 1999, foi eleita pela Rádio BBC de Londres como a cantora brasileira do milênio.

23. "As únicas armas que temos para combater o racismo é a educação, a postura e o comportamento."
Ruth de Souza- atriz brasileira. Considerada uma das grandes damas da dramaturgia brasileira e a primeira grande referência para artistas negros na televisão por seus papéis notáveis.

24. "Tudo é mais difícil para um negro. Você tem que provar 100 vezes que você é o melhor. É cansativo, duro, doloroso. Se você não tiver uma força extraordinária, não consegue passar por isso. Mas eu vim ao mundo para lutar. Sou uma guerreira!"
Glória Maria-jornalista, repórter e apresentadora de TV

25. "A luta antirracista no Brasil não começou agora, ela não é uma luta de cinco anos, os movimentos intelectuais e as associações elaboraram projetos e se hoje a gente está nessa condição em que eu posso dizer que, se algum avanço aconteceu, é por fruto da luta da Sueli Carneiro, Abdias do Nascimento, Maria Beatriz Nascimento, Clóvis Moura, Lélia Gonzalez. A gente é resultado dessas conquistas. Essas conquistas produziram mobilização de uma maneira organizada".

Emicida- Rapper paulistano, considerado em uma das vozes mais contundentes na luta contra o racismo.

26. "A pauta principal da minha vida é a pauta racial, desde que eu era criança. É estranho porque a gente já nasce com um inimigo definido, parece. Eu não escolhi nada disso; para mim não foi uma escolha. Eu nasci e os caras já não gostavam de mim..."

Djonga- cantor, compositor, rapper, historiador e escritor brasileiro

27. "Negar e silenciar é confirmar o racismo". "Minha posição como negro na elite do futebol condiz com isso. Na faculdade que eu fiz, só tinha eu de negro. Mas, mesmo assim, rapidamente, quando a gente fala isso, ainda tentam dizer: 'Não há racismo, está vendo? Você está aqui'. Não, eu sou a prova de que há racismo porque eu estou aqui."

Roger Machado –Técnico de futebol, em um épico discurso no Maracanã.

28. "Para que a discussão se amplie é fundamental compreender que estamos em um lugar de tratamento diferente. É preciso reconhecer o racismo."

Marielle Franco- socióloga e política brasileira, filiada ao Partido Socialismo e Liberdade, elegeu-se vereadora do Rio de Janeiro para a Legislatura 2017-2020, durante a eleição municipal de 2016, com a quinta maior votação.

29. "Minha luta diária é para ser reconhecida como sujeito, impor minha existência numa sociedade que insiste em negá-la."

Djamila Ribeiro- filósofa, feminista negra, escritora e acadêmica brasileira

30. "Perguntaram-me: onde aprendi inglês? espanhol? De onde veio meu gosto por livros? Quando aprendi a fazer enxertias se nunca fiz escola agrícola? Na escola pública. Onde mais? Onde uma família muito pobre pode educar quatro filhos e desejar para eles o melhor?

Parafreseando Mikal Gilmore, em seu livro Tiro no Coração, "escrevo, escrevo para curar-me".

Assim faço eu, para curar-me de toda violência vivida, as portas do fundo apontadas para mim, sem dó. Eu tinha e ainda tenho muito a escrever. Agora, sobre um tempo melhor que eu, exercendo o meu direito de cidadã, ajudo a construir."

Martha Rodrigues- escritora mineira, trecho do seu depoimento "Da Dor Antiga"", do livro Negras (IN) CONFIDÊNCIAS Bullying, não. Isto é racismo.Org: Benilda Brito e Valdecir Nascimento- Mazza Edições 2013

31. "A alma não tem cor".

    Chico Cesar- cantor, compositor, escritor e jornalista brasileiro

32. "A cor não é importante, porque a pele é apenas a roupa que veste o homem".

    Gilberto Gil –cantor, compositor ex-minstro da cultura

33. "Me chamo Preta Maria Gadelha Gil Moreira de Godoy, tenho 42 anos, sou casada, mãe de um homem de 21 anos e avó de uma boneca de 8 meses, sou filha da mistura. (…) Desde muito nova convivi com o preconceito de quem não aceitava ver filho de negro em uma escola particular, de quem não consegue aceitar que uma pessoa pode se chamar Preta. (…) Ontem fui atacada com diversas mensagens de ódio em minha página no Facebook; uns atacaram minha cor, meu trabalho, meu corpo, outros tentando fazer piadas de péssimo gosto apenas para tentar me diminuir ou magoar. Eles assinaram todos os posts com uma hashtag, agiram em bando, são organizados e cruéis. Saibam que esse tipo de ataque só me fortalece, eu conheço o meu valor!!! (…) São covardes, são pessoas vis, não sei quem são".

    Preta Gil- cantora, atriz e apresentadora e empresária brasileira.

34. "No primeiro clube que entrei, tinham ali mães de meninas e as próprias meninas que não queriam ficar perto de mim. Não queriam lavar as mãos no mesmo banheiro, frequentar o mesmo ambiente. De alguma forma queriam me mostrar que aquele não era o meu lugar"

    Daiane dos Santos- ex-ginasta brasileira que competiu em provas de ginástica artística. Conquistou nove medalhas de ouro em campeonatos mundiais. Daiane foi a primeira ginasta brasileira, entre homens e mulheres, a conquistar uma medalha de ouro em uma edição do Campeonato Mundial.

35. "Os atores negros têm de ser inseridos na dramaturgia das histórias, em vez de estarem em cena apenas para fazer papel de marginal ou dizer sim senhor."

Lázaro Ramos-ator, apresentador, dublador, cineasta e escritor de literatura infantil brasileiro, que iniciou a carreira artística no Bando de Teatro Olodum.

36. "O racista é aquele que deixa de contratar alguém mais ou igualmente produtivo por ter uma preferência irracional por pessoas que se pareçam física e / ou culturalmente consigo."

Sílvio de Almeida- advogado, filósofo e professor universitário.

37. "A educação antirracista ou a luta antirracista não deve ser uma luta só de negros e negras. É importante que pessoas brancas entendam o seu lugar na luta antirracista, que lutem juntos contra o racismo. Assumir esse lugar numa luta antirracista".

Jaqueline Coêlho, professora, coordenadora do Núcleo de Estudos Afro-Brasileiros e Indígenas (NEABI) do Campus São Sebastião do Instituto Federal de Brasília

38. "O conceito racista é uma teoria indefensável, quem o sente costuma omiti-lo"

Elisa Lucinda- poetisa, jornalista, escritora, cantora e atriz brasileira. A artista foi um dos galardoados com o Troféu Raça Negra 2010 em sua oitava edição, na categoria Teatro.

39. "Certa vez ouvi da saudosa Lélia Gonzalez, 'nós não temos tempos para lamúrias. Temos que arregaçar as mangas e virar esse jogo'. E essa frase ficou definitiva na minha vida. Hoje não sofro com a discriminação racial, mas aproveito o espaço da mídia para denunciar, combater. E vejo isso como uma missão".

Zezé Mota- consagrada atriz e cantora brasileira, considerada uma das maiores artistas do país, expoente da cultura afro-brasileira

40. "Eu saí do Brasil dia 16 de Abril, porque eles entenderam a minha necessidade porque não morava em mim só dizer e aquietar: 'Eu sou um afrodescendente'. Mas de que África eu vim? Nós somos um continente de 55 países e eu fui buscar. A minha identidade com certeza está naqueles papéis que Ruy Barbosa queimou. A da minha filha, tem a árvore genealógica inteira".

Antônio Pitanga- ator- A frase é atribuída sobre a busca pela identidade que sempre teve como uma questão central em sua vida, sobre uma viagem que fez para a África em 1964, quando ele estava fugindo do golpe militar após alguns amigos serem presos.

41. "A história oficial mostra negros escravizados quase como se fossem passivos da sua história"
Camila Pitanga- atriz e apresentadora brasileira

42. "O racismo se agiganta quando transferimos a guerra para dentro do nosso terreiro."
Fabiana Cozza- cantora brasileira com essa frase, renunciou ao papel da sambista Dona Ivone Lara, morta em abril, aos 97 anos. O anúncio da escolha de Fabiana para o papel protagonista do musical "Dona Ivone Lara – Um Sorriso Negro" gerou reações das redes sociais e colocou em pauta o colorismo.

43. "Fui roubado na entrega de um terno e me detiveram na delegacia. Demorei muito para me recuperar do trauma, pois morava em um bairro de imigrantes onde, além de mim, só existiam mais cinco negros. Me humilhavam e me chamavam de ladrão."
Milton Gonçalves, ator mineiro de sucesso no teatro, cinema e tv brasileira

44. "A apropriação cultural é juma forma racista de dizer que isso ou aquilo não pode ser negro, mas brasileiro ou multicultural".
Leci Brandão- cantora, compositora e política brasileira. Umas das mais importantes intérpretes de samba da música popular brasileira.

45. "Não nasci com marca de chibata nas costas, gosto de respeitar e de ser respeitada. Aliás, o mundo está, finalmente, se dando conta dos males que o racismo traz. Racismo mata! "
Alcione- cantora, compositora e multi-instrumentista brasileira. Sendo uma das mais notórias sambistas do país, a cantora recebeu a alcunha de Rainha do Samba e Rainha do Brasil.

46. "Me deixe hipnotizado para acabar de vez com essa disritmia."
Martinho da Vila- cantor, compositor e escritor brasileiro.

47. "Nunca se deve enganar uma criança, deve-se falar a verdade, falar aquilo que não nos falaram. Falar que ela é escura porque os pais dela são pretos, mas que ela é igual às outras. Que deem oportunidades às crianças negras assim como dão ás outras. Se elas

quiserem coroar Nossa Senhora, se quiserem vestir roupas bonitas, fazer parte do teatro, deem oportunidades. A maior tristeza que a gente tem é ver uma amiga da gente, uma colega, uma pessoa igual a gente ser alguma coisa que a gente não pode ser. Porque a gente é perfeita, a gente tem as mesmas coisas que os outros têm. A mesma vontade que uma menina branca rica tem, a preta e pobre também tem, a mesma vontade. E a criança que não tiver vontade é porque –vou contar uma coisa! - é doente. Uma criança que não sonha? Eu tive muitos sonhos e tive vontades e não pude realizá-los. Hoje, nesta época que eu estou vivendo, eu posso tudo, só que agora eu já não quero mais. E não é por causa da idade, não. Eu já não quero mais."

Amarilies Rodrigues-Costureira aposentada, nascida em Ponte Nova-MG- trecho do seu depoimento "Preciosidades de Amariles", do livro Negras (IN) CONFIDÊNCIAS Bullying, não. Isto é racismo. Org: Benilda Brito e Valdecir Nascimento- Mazza Edições 2013

48. Eu tenho um sonho que meus quatro pequenos filhos um dia viverão em uma nação onde não serão julgados pela cor da pele, mas pelo conteúdo do seu caráter. Eu tenho um sonho hoje."
Martin Luther King Jr, em seu famoso discurso em Washington DC

49. "Ninguém nasce odiando outra pessoa por sua cor da pele, sua origem ou sua religião. As pessoas podem aprender a odiar e, se podem aprender a odiar, pode-se ensiná-las a aprender a amar. O amor chega mais naturalmente ao coração humano que o contrário."
Nelson Mandela, Nobel da Paz de 1993, líder ativista contra o apartheid na África do Sul, país onde se tornou presidente entre 1994 e 1999

50. "Todos os racismos são abomináveis e cada um faz as suas vítimas a seu modo. O brasileiro não é o pior, nem o melhor, apenas tem suas peculiaridades"
Kabengele Munanga- antropólogo e professor brasileiro-congolês. É especialista em antropologia da população afro-brasileira, atentando-se a questão do racismo na sociedade brasileira.

51. "Não há nada melhor que a adversidade. Cada derrota, cada angústia, cada perda contém sua própria semente, sua própria lição sobre como melhorar sua maneira de agir da próxima vez."

Malcom x- Ativista afro-americano, assassinado há 55 anos, transformou-se em mito por ter canalizado em seu discurso os séculos de opressão e ira vivenciados por sua comunidade.

52. "Eu era uma pessoa com dignidade e respeito próprio, e não deveria me considerar pior que qualquer outra pessoa só porque era negra".

Rosa Parks- ativista negra norte-americana símbolo do movimento dos direitos civis dos negros nos Estados Unidos. Ela ficou famosa por realizar um ato de desobediência civil quando se recusou a ceder seu assento a um homem branco em um ônibus público, no Alabama.

53. "Se todas as vidas importassem, nós não precisaríamos proclamar enfaticamente que a vida dos negros importa."

54. "Numa sociedade racista não basta não ser racista, é preciso ser antirracista".

Angela Davis, ativista do movimento negro e feminista, professora e filósofa socialista estadunidense que alcançou notoriedade mundial na década de 1970 como integrante do Partido Comunista dos Estados Unidos, dos Panteras Negras, por sua militância pelos direitos das mulheres e contra a discriminação social e racial nos Estados Unidos e referência entre os marxistas.

55. "A raça não existe para você porque nunca foi uma barreira. Os homens negros não têm essa oportunidade."

Chimamanda Ngozi Adichie, escritora e ativista nigeriana

56. "A mudança não chegará se esperamos outra pessoa ou outro tempo. Somos nós mesmos os que estávamos esperando. Somos a mudança que buscamos",

Barack Obama- Ex-presidente dos EUA, reflexão gravada nas paredes do Museu da Cultura Afro-Americana de Washington.

57. "O racismo presente na sociedade brasileira afeta a vida de 51% de sua população de forma brutal e subliminar. É genocida. Leva à morte física e mental. Impede a realização plena do ser humano. Mantém uma expressiva maioria na linha da pobreza e abaixo da linha da pobreza. Mantém no cárcere simbólico e real. Cerceia o ir e vir nos centros urbanos e fora deles. Extermina os jovens negros. Existe todo um aparato institucional para isso, difícil de ser

desmontado, porque é necessária a mudança de pensamento e de ideias, formais e informais, que norteiam e normalizam isso."

Miriam Alves é escritora brasileira, poeta, ativista, professora, assistente social de ascendência africana.

58. "Se queremos chegar a algum lugar juntos, devemos estar dispostos a dizer quem somos. Eu sou a ex-primeira-dama dos Estados Unidos e também sou descendente de escravos. É importante ter presente essa verdade."

Michelle Obama- ex-primeira dama dos EUA, em conversa com estudantes negros no documentário "Minha História", sobre sua biografia

59. "Fui criada para acreditar que a excelência é a melhor forma de dissuadir o racismo e o sexismo. E é assim que oriento a minha vida."

Oprah Winfrey- Apresentadora de programa de TV dos EUA, conseguiu romper as barreiras de raça e se tornar a mulher mais influente do mundo durante várias décadas. Esta foi a receita de seu sucesso.

60. "Como mulheres negras, sempre passamos por experiências aparentemente devastadoras - experiências que poderiam absolutamente nos derrubar. Mas o que a lagarta chama de fim do mundo, o mestre chama de borboleta. O que fazemos como mulheres negras é criar a partir das piores situações."

Viola Davis- atriz e produtora norte-americana, vencedora de um Óscar, um Emmy Award e dois Tony Awards, dessa forma alcançando a Tríplice Coroa da Atuação. Foi considerada pela Time uma das 100 pessoas mais influentes do planeta em 2012 e em 2017.

61. "Não vou me levantar e mostrar orgulho pela bandeira de um país que oprime as pessoas negras. Para mim, isso é maior que o futebol americano, e seria egoísta da minha parte olhar para o outro lado. Há cadáveres nas ruas, gente assassinada injustamente e ninguém se responsabiliza."

Colin Kaepernick – Jogador de futebol americano, enfrentou a facção mais reacionária dos EUA ao se ajoelhar durante a execução do hino, em protesto contra a brutalidade e a opressão da comunidade afro-americana. Embora não tenha sido contratado depois por nenhum time, ele é hoje uma referência da luta antirracista. Assim explicou seu gesto.

62. "Representatividade importa! Eu tinha 9 anos quando "Star Trek" foi ao ar. Eu olhei para a tela e saí correndo pela casa, gritando: "Vem aqui mãe, gente, depressa, vem logo! Tem uma moça negra na televisão e ela não é empregada!" Naquele momento eu soube que podia ser o que eu quisesse."

Whoppi Goldberg- premiada e aclamada atriz e comediante de teatro, cinema e televisão, além de cantora e apresentadora americana.

63. "O dia em que pararmos de nos preocupar com a Consciência Negra, Amarela ou Branca, e nos preocuparmos com a Consciência humana, o racismo desaparece."

Morgan Freemamn- premiado ator, produtor, narrador e cineasta estadunidense.

64. "O racismo claramente não é pior do que nos anos 60, você sabe, e, consequentemente, não tão ruim quanto em 1860. Nós estamos discutindo sobre raça nesse pais mais abertamente e claramente do que nunca foi feito anteriormente na história desse país (...) O racismo não está piorando, está sendo filmado".

Will Smith- é um ator, rapper, produtor cinematográfico, produtor musical e produtor de televisão americano.

65. "Todos exigimos e queremos respeito, homem ou mulher, negro ou branco. É nosso direito humano básico."

Aretha Franklin- foi uma cantora e compositora norte-americana de gospel, R&B e soul que se tornou ícone da música negra. Foi considerada a "maior cantora de todos os tempos" pela revista Rolling Stone.

66. "Se você fica neutro em situações de injustiça, você escolhe o lado do opressor."

Desmond Tutu- é um arcebispo da Igreja Anglicana consagrado com o Prêmio Nobel da Paz em 1984 por sua luta contra o Apartheid em seu país natal. Desmond é o primeiro negro a ocupar o cargo de Arcebispo da Cidade do Cabo, tendo sido também o Primaz da Igreja Anglicana da África Austral entre 1986 e 1996.

67. Você pode me disparar com suas palavras, pode me cortar com seus olhos, pode me matar com seu ódio, mas, ainda assim, como o ar, eu me levantarei.

Maya Angelou- pseudónimo de Marguerite Ann Johnson foi uma escritora e poetisa dos Estados Unidos.

68. ""Enquanto a cor da pele for mais importante que o brilho dos olhos, haverá guerra."
Bob Marley, trecho da música "War" foi um cantor, guitarrista e compositor jamaicano, o mais conhecido músico de reggae de todos os tempos, famoso por popularizar internacionalmente o gênero.

69. "(...) Quando acontece com a gente, a gente sente mais. E eu brigo toda hora. Por isso brigo pela causa, porque quando passamos na pele é horrível. E não podemos deixar isso passar. Eu sei quem eu sou, sei o valor que tenho. E aí, eu fico pensando, porque antigamente eu não tinha voz ativa, aí passavam despercebidas todas essas coisas (...). E a justiça não pune esses caras preconceituosos, vermes ".
Marinho- Mário Sérgio Santos Costa, jogador de futebol brasileiro pelo Santos.

70. "O racismo parte da premissa de que alguém é superior. O negro é sempre inferior. E dessa pessoa não se admite sequer que ela abra a boca. 'Ele é maluco, é um briguento'. No meu caso, não sou de abaixar a crista em hipótese alguma..."
Joaquim Barbosa- jurista e ex-magistrado brasileiro. Foi ministro do Supremo Tribunal Federal de 2003 até 2014, tendo sido presidente do tribunal de 2012 a 2014. Atualmente, é advogado. Formado em Direito pela Universidade de Brasília em 1979, especializou-se em Direito e Estado.

71. "A luta antirracista perpassa tal viés também no que concerne àqueles que não possuem a possibilidade da vivência pessoal por não serem afrodescendentes."
Júlio Emilio Brás- lustrador e escritor de literatura infantojuvenil brasileiro.

72. "(...) "O Estado corrige injustiças ao estabelecer condições justas de concorrência na luta pela vida. Sou, portanto, a favor (das cotas), embora reconheça efeitos colaterais indesejáveis na aplicação do sistema. Mas um jovem branco que se sinta preterido pelas cotas é, por isso mesmo, capaz de entender a histórica preterição do negro na universidade, na diplomacia, na política e na iniciativa privada."

José Rufino dos Santos-nascido no Rio de Janeiro, foi historiador, professor e autor.

73. "Desde que me parei de alisar os cabelos e me senti liberta de uma escravidão capilar, onde estive por anos, percebi que realmente nossa luta não deve ser somente por cabelo. Junto com minha liberdade, encontrei força para empoderar e resistir cada vez mais a essa sociedade opressora"

"Empoderar é resistir!"

Kelly Sousa-autora mineira de BH.
Contato:belezablackpower@gmail.com

74. "E nas cabeças
Enchei -se de liberdade
O povo negro pede igualdade
Deixando de lado as separações."

Margareth Menezes- cantora, compositora e ex-atriz brasileira, conquistou dois troféus Caymmi, dois troféus Imprensa, quatro troféus Dodô e Osmar, além de ser indicada para o GRAMMY

75. "Deixei o tronco há muito tempo"

Benedita da Silva- servidora pública, professora, auxiliar de enfermagem, assistente social e política brasileira. Foi a 59ª governadora do Rio de Janeiro e atualmente é deputada federal.

76. "Aqui no Brasil o preconceito é como os assaltantes que emboscam. Você não está preparado para enfrentá-los naquele momento. Já fui proibido de entrar no elevador social em um prédio nos Jardins (bairro nobre de São Paulo). Só entrei depois que ameacei chamar a reportagem do *Jornal da Tarde*, onde eu trabalhava na época. Também já tive a bolsa revistada porque olhei para um carro de polícia, aqui perto de casa, em Lauzane Paulista. Só pelo fato de eu ter olhado para uma viatura, o policial falou "vem cá, abre sua bolsa". Faria com um branco? Duvido. E digo mais: é tão doloroso, porque muitos negros acabam tendo preconceito contra os próprios negros"

Oswaldo de Camargo- poeta, escritor, crítico e historiador da literatura brasileiro.

77. "Eu mesma sou um exemplo de quem não conhece suas raízes. Não tenho referências, nem familiares nem históricas, que podem me fazer saber sobre minha origem", (...) "Conhecer a nossa histó-

ria significa resgatar e preservar as tradições, as riquezas daqueles que contribuíram pra que chegássemos ao ponto em que estamos hoje. Quando desconhecemos nossa origem, nos inserimos em culturas a que não pertencemos. Tudo isso afeta a construção de nossa identidade."

Yasmin Stevam- influencer paulistana, empresária do brechó Fundinho.

78. "O Aranha se precipitou em querer brigar com a torcida. Se eu fosse querer parar o jogo cada vez que me chamassem de macaco ou crioulo, todos os jogos iriam parar. O torcedor grita mesmo. Quanto mais se falar, mais vai ter racismo."

Edson Arantes do Nascimento, Pelé, ex-futebolista brasileiro que atuava como atacante. Ele é amplamente considerado como um dos maiores atletas de todos os tempos, o Rei do futebol brasileiro.

79. "Eu sempre olhei para os actos de exclusão racista, os insultos, como desprezíveis, para a pessoa que os pratica. Eu nunca absorvi isso. Eu sempre achei que havia algo de deficiente nessas pessoas."

Toni Morisson- escritora, editora e professora estadunidense. Seu livro de estreia, O olho mais azul, é um estudo sobre raça, gênero e beleza. *Foi a primeira mulher negra a ganhar o Nobel de Literatura, Damon Winter:The New York Times*

80. "Como dono de uma equipe, eu estou enojado que um colega possua visões tão ofensivas e doentias. Como um ex-jogador, estou horrorizado em ver que esse tipo de ignorância ainda exista em nosso país e nos maiores níveis de nosso esporte. Em uma liga em que a maioria dos jogadores é afro-americano, não podemos e não devemos tolerar discriminação em qualquer nível" disse Jordan.

Michael Jordan- ex-astro do Chicago Bulls, seu manifesto contra o bilionário Donald Sterling, dono do Los Angeles Clippers, que foi flagrado em uma conversa telefônica pedindo para que sua namorada V. Stiviano não postasse fotos nas redes sociais com pessoas negras ou levassem as mesmas aos jogos do time da NBA.

41 FILMES, SÉRIES E DOCUMENTÁRIOS SOBRE RACISMO (ANO DE NASCIMENTO DE MAZZA, REPRESENTADO PELO Nº 41)[65]

1. Mississippi em Chamas (1988)
    "No filme **Mississippi em Chamas**, de 1988, o diretor Alan Parker mostra o desaparecimento de um grupo de ativistas dos direitos civis e a contratação da dupla Alan Ward (Willem Dafoe) e Rupert Anderson (Gene Hackman), do FBI, para conduzir a investigação. No entanto, as autoridades locais decidem não se envolver por motivações claramente racistas."
2. Malcolm X (1992)
    "O filme retrata a vida do ativista Malcolm Little, mais conhecido como Malcom X, um dos maiores defensores do movimento Nacionalista Negro, nos Estados Unidos. Após ter o pai assassinado pela Klu Klux Klan e sua mãe internada por insanidade,

---

65 Referências:

https://querobolsa.com.br/revista/citacoes-para-redacao-sobre-racismo

https://brasil.elpais.com/smoda/2020-06-07/de-michelle-obama-a-muhammad-ali-25-frases-que-abriram-nossos-olhos-contra-o-racismo.html

https://www.mazzaedicoes.com.br/obra/negras-inconfidencias/

https://www.revistabula.com/37187-12-filmes-para-refletir-sobre-racismo-estrutural-disponiveis-na-netflix-e-no-amazon-prime-video/

https://portal.aprendiz.uol.com.br/2020/06/08/3-filmes-e-uma-serie-para-discutir-racismo-estrutural-na-educacao/

https://guiadoestudante.abril.com.br/estudo/8-filmes-sobre-racismo-e-desigualdade-racial/

https://canaltech.com.br/cinema/filmes-importantes-sobre-racismo-consciencia-negra-155469/

https://darkside.blog.br/12-producoes-atuais-para-entender-racismo-estrutural/

https://www.guiadasemana.com.br/filmes-e-series/galeria/filmes-sobre-racismo-streaming

https://www.uol.com.br/ecoa/ultimas-noticias/2021/04/09/lista-de-filmes-ajuda-a-entender-a-importancia-do-movimento-negro.htm?cmpid=copiaecola

https://www.brasildefato.com.br/2021/08/20/doutor-gama-filme-brasileiro-e-selecionado-para-o-maior-festival-de-cinema-negro-do-mundo

Malcolm entrou para a vida do crime e foi preso. Na cadeia, se converteu ao islamismo e passou a pregar seus ideais. Ele foi assassinado em 1965."

3. **Ali (2001)**
"Nos anos 1960, Cassius Clay, um jovem lutador de boxe, explode no cenário esportivo após ganhar a medalha de ouro nas Olimpíadas. Fora dos ringues, ele também impressiona pela inteligência e capacidade de oratória, tornando-se torna um ídolo nacional nos EUA. Amigo do ativista Malcolm X, ele se converte ao islamismo a adota um novo nome, Muhammad Ali."

4. **Alguém falou de racismo (2002)**
"A produção brasileira dirigida por Daniel Caetano combina trechos de ficção com documentário para relatar a história de um professor que decide provocar seus estudantes a pensar sobre o racismo estrutural presente na escola e na sociedade, de forma mais ampla. O filme está disponível no Youtube em duas partes."

5. **Cidade de Deus (2002)**
"Sucesso no início dos anos 2000, **Cidade de Deus**, dirigido por Fernando Meirelles e Kátia Lund, mostra a vida nas favelas do Rio de Janeiro na década de 1970, com foco na vida do fotógrafo Buscapé (Alexandre Rodrigues) e Zé Pequeno (Leandro Firmino), um traficante da região. Em sua arte, ele mostra os perigos do cotidiano da comunidade."

6. **Entre os muros da escola (2008)**
"O filme francês narra a história de um professor de língua francesa que passa a trabalhar em uma escola de Ensino Médio na periferia de Paris, lidando com alunos de diversas origens culturais. A tensão entre os estudantes e a conduta tradicional exigida pela escola – que ignora a maior parte de suas vivências – levam a conflitos e ao descaso com as aulas por parte dos jovens. Além do racismo, o filme discute temas como preconceito linguístico, meritocracia, disciplina e avaliação."

7. **- Histórias Cruzadas – (2011)**
No Mississipi dos anos 60, uma jornalista (Emma Stone) escreve um livro contando as histórias de mulheres negras como Aibileen (Viola Davis) e Minny (Octavia Spencer) e outras, que trabalham nos lares das famílias ricas, expondo como elas sofrem preconceitos ao mesmo tempo em que amam as crianças das quais cuidam

8. 12 Anos de Escravidão (2013)
"Vencedor do Oscar de Melhor Filme, **12 anos de Escravidão** tem como cenário a vida de Solomon Northup (Chiwetel Ejiofor), um jovem livre e que vive com tranquilidade junto aos filhos e sua esposa no ano de 1841. A vida do rapaz muda completamente quando ele é sequestrado e vendido como um escravo, vendo a sua vida mudar por completo sendo uma vítima do sistema extremamente racista da época e que deixou sequelas na sociedade até hoje."

9. Fruitvale Station (2013)
"É um filme que mostra a luta de Oscar Grant, interpretado por Michael B. Jordan, um jovem de 22 anos que perde o emprego e esconde a informação da mãe de sua filha, Sophina (Melonie Diaz), por achar que é capaz de recuperar o trabalho. No entanto, a situação se complica quando o personagem acaba sendo vítima do racismo escancarado em uma noite que deveria ser de comemorações."

10. Django Livre (2013)
"Django é um ex-escravo que vive no Sul dos Estados Unidos, no período anterior à Guerra Civil Americana. Dotado de um talento notável para a caça, ele faz uma aliança com Schultz, um caçador de recompensas que está em busca dos irmãos assassinos Brittle. Django aceita ir atrás dos criminosos com o caçador, desde que Shcultz o ajude a encontrar sua esposa, Broomhilda, que há anos foi comprada por um fazendeiro."

11. -Selma - Uma Luta Pela Igualdade (2014)
"O filme **Selma: Uma Luta pela Igualdade** retrata a história de Martin Luther King Jr., interpretado por David Oyelowo, na conquista do direito ao voto da comunidade negra nos Estados Unidos. O movimento resultou em uma marcha épica do político até o Alabama, convencendo o presidente Lyndon Johnson a implementar a Lei dos Direitos de Voto."

12. Branco Sai Preto Fica (2014)
"Misturando ficção científica e realidade, o documentário de Adirley Queirós revive um tiroteio em um baile de black music, em 1986, na Ceilândia, periferia de Brasília. DJ Marquim da Tropa e Chokito narram o que aconteceu naquela noite de violência policial que deixou o primeiro paraplégico e o segundo, sem uma perna. O lado ficcional fica a cargo de um viajante do futuro que volta

à noite do baile para recolher provas do caso de racismo ocorrido naquela noite, que começa com um dos policiais afirmando "branco sai, preto fica".

13. *Chi-Raq - Amazon Prime Vídeo (2015)*
Dirigido pelo aclamado diretor Spike Lee, Chi-Raq é uma adaptação moderna do clássico drama grego "Lysistrata", de Aristófanes. Após o assassinato de uma criança por uma bala perdida, um grupo de mulheres, liderado por Lysistrata, se organiza contra a violência na região sul de Chicago, criando um movimento que desafia a natureza de raça, sexo e violência, na América e no mundo todo.

14. **Menino 23 – Infâncias Perdidas no Brasil (2016)**
"Resgatando a experiência de "higienização" do povo brasileiro, durante o governo de Getúlio Vargas, Menino 23 conta a infância de garotos negros retirados de orfanatos para trabalhar em situação análoga à escravidão no interior de São Paulo. O documentário é narrado pelo historiador Sidney Aguilar, que descobriu a existência de tijolos marcados com o símbolo da suástica nazista na fazenda Santa Albertina. Além de recontar a proximidade de Vargas com o regime de Hitler, o documentário encontra vítimas do caso que contam sobre a naturalização do abuso cometido contra eles na época."

15. **Moonlight (2016)**
"Vencedor do Oscar® de Melhor Filme em 2017, este longa de **Barry Jenkins** narra com sensibilidade e detalhes crus a **jornada de amadurecimento** de Chiron, um jovem negro e homossexual. Por meio de três momentos cruciais em sua vida – infância, adolescência e início da fase adulta – o longa mostra os **desafios do jovem em crescer no meio da pobreza**, com uma mãe viciada em crack e a influência de um vizinho traficante chamado Juan.

Tímido e introvertido, principalmente por sua baixa estatura, o garoto lidou desde cedo com o bullying sem compreender por que tanto ódio era direcionado a ele. Neste contexto, a amizade com Juan e sua namorada Teresa se mostra crucial para o desenvolvimento de Chiron. "

16. **Loving: Uma História de Amor (2016)**
"Se hoje ainda se luta pela união de pessoas do mesmo sexo, não muito tempo atrás o casamento entre negros e brancos era proi-

bido por lei em alguns lugares dos Estados Unidos. *Loving* narra a história de um casal em que ele é branco e ela negra: Richard e Mildred.

Quando Mildred fica grávida, eles decidem se casar, porém, na Virgínia, estado onde eles moravam, isso era considerado crime nos anos 1950, quando se passa a história. Eles viajam até a capital Washington para que o casamento seja possível. Porém, a vida de casados deles é ameaçada pois, mesmo com a união ocorrendo fora do estado, eles não poderiam levar uma vida conjugal aos olhos dos vizinhos e das autoridades."

17. Eu não sou seu negro (2016)

"Este documentário de Raoul Peck se baseia na obra do escritor James Baldwin, autor de *Se a Rua Beale Falasse*. Em 1979 ele escreveu uma carta para seu agente literário descrevendo seu próximo projeto: "Lembre-se desta casa". O livro seria uma obra revolucionária, com a visão pessoal de Baldwin sobre o assassinato de três de seus amigos próximos: Medgar Evers, Malcom X e Martin Luther King Jr.

Porém, até o ano de sua morte, em 1987, o autor deixou apenas 30 páginas prontas de seu manuscrito. Raoul Peck colocou no documentário sua visão do trabalho que James Baldwin nunca teve a oportunidade de concluir."

18. A 13ª Emenda (2016)

"A 13ª emenda, à qual o título se refere, trata-se de uma legislação que determina a **proibição de escravidão nos EUA, a não ser quando estamos falando de criminosos**. Por meio de depoimentos e registros históricos, o documentário mostra como esta brecha culminou no mito da "**criminalidade negra**", levando a um número consideravelmente maior de negros encarcerados do que de brancos ao longo das últimas décadas."

"Aproximadamente 25% das pessoas encarceradas em todo o mundo estão detidas nos Estados Unidos, apesar de o país ter apenas 5% da população mundial. Neste documentário de **Ava DuVernay**, a cineasta aborda o crescimento expressivo da população carcerária por lá: de 1970 até os dias atuais o número saltou de 200 mil para 2 milhões."

19. *Nina - Telecine Play(2016)*
Uma das personalidades mais marcantes do soul e R&B dos EUA, Nina Simone (Zoe Saldana) além de grande cantora também teve papel importante na luta pelos direitos civis dos negros americanos. No entanto, a carreira brilhante acabou sabotada pelo temperamento explosivo e o relacionamento conturbado com o empresário e marido. Inspirado em uma história real.

20. *Bem-vindo a Marly-Gomont – Netflix(2016)*
Seyolo Zantoko (Marc Zinga) é um médico que acabou de se formar em Kinshasa, capital do seu país natal, o Congo. De lá, ele decide partir para uma pequena aldeia francesa, um vilarejo que lhe deu uma imperdível oportunidade de trabalho. Com a sua família ao seu lado, Zantoko embarca na maior jornada de sua vida, onde precisará vencer o preconceito e as barreiras culturais para vencer.

21. *Chocolate-* (2016)
"Chocolate foi a "estrela negra" das artes parisienses durante mais de duas décadas e o primeiro artista negro a ficar famoso na França. Baseado no livro do historiador francês Gérard Noiriel, o longa-metragem Chocolate, que resgata a história do de um escravo que encontra a fama e o esquecimento devido à cor de sua pele, Interpretado por Omar Sy, astro francês do filme Os Intocáveis.

.22- Barry – Netflix (2016)
Um jovem Barack Obama forma sua identidade ao lidar com racismo, diferenças culturais e a vida comum de um estudante universitário em Nova York

23. Marshall: Igualdade e Justiça (2017)
"O filme conta a trajetória de Thurgood Marshall, primeiro juiz negro da Corte Suprema dos Estados Unidos. Nos anos 1940, ainda atuando como advogado, ele aceita um caso que pode definir sua carreira: enfrentar autoridades racistas para defender Josepho Spell, um motorista negro que está sendo acusado de atacar uma socialite branca, mas alega ser inocente."

24. Corra! (2017)
"Chris é um jovem negro que convidado pela namorada Rose, uma jovem branca, a passar um fim de semana na casa dos pais dela com toda a família. A princípio tudo vai bem, mesmo com uma **tentativa meio exagerada de hospitalidade** com ele, forçando

um pouco a barra de que eles aceitam o relacionamento interracial da filha.

Porém, o comportamento de empregados negros e umas visitas estranhas de amigos dos sogros acendem um sinal de alerta em Chris, de que aquelas pessoas tão acolhedoras podem ser uma verdadeira ameaça. O longa de **Jordan Peele** utiliza o suspense para expor o racismo disfarçado em quem menos esperamos."

25. Cara Gente Branca (2017)

"Ao abordar a realidade de um grupo de estudantes negros, a série mostra os efeitos do racismo estrutural em uma universidade ocupada majoritariamente por alunos brancos. A trama começa com uma festa de Halloween cujo tema é "afroamericana". A partir daí, se discute não só sobre "blackface" e racismo, mas sim sobre a vida de cada pessoa em sua individualidade, com suas próprias experiências, dores, desamores e conquistas…"

26. Green Book (2018)

"O filme se baseia numa história real dos anos 1960, quando as leis de segregação racial ainda estavam em vigor nos Estados Unidos. Tony Lip precisa de dinheiro após a falência de seu negócio e aceita trabalhar como motorista para Don Shirley, um celebrado pianista negro. Os dois são muito diferentes e Tony é um bocado racista. Mas, aos poucos, Tony e Don se tornam bons amigos. O longa foi vencedor do Oscar de Melhor Filme em 2019."

27. Se a Rua Beale Falasse (2018)

"O que deveria ser o momento mais especial na vida de um casal negro, que iria começar a sua família na casa nova no Harlem, é interrompido pela **falsa acusação de um crime**. Tish e Fonny começaram a namorar na adolescência e veem seus sonhos roubados quando ele é acusado e preso por um crime de estupro que ele não cometeu. Além de lidar com a gestação, Tish busca apoio em familiares e nos vizinhos do Harlem para trazer justiça para Fonny e tirá-lo da cadeia. Porém, logo se percebe que nestes casos a justiça não é cega, ela só não quer enxergar a verdade quando **um policial branco com motivações racistas** faz de tudo para deixar o jovem atrás das grades."

28. Infiltrado na Klan (2018)
"O filme conta a história real de Ron Stallworth, um policial negro dos Estados Unidos. Em 1978, ele desenvolveu um plano para se infiltrar na Ku Klux Klan local. Ele se comunicava com os membros do grupo por meio de cartas e telefonemas e, quando precisava estar presente, enviava seu colega de trabalho branco, Flip Zimmerman. Logo Ron se tornou o líder da seita e conseguiu sabotar dezenas crimes de ódio planejados pelos racistas."

29. O ódio que você semeia (2018)
"O filme conta a história de uma adolescente negra de 17 anos que mora em um bairro periférico majoritariamente negro, porém estuda em uma escola de elite onde a maioria dos alunos é branca. Dividida entre estes dois contextos, sua vida muda após presenciar o assassinato de seu melhor amigo por um policial branco. Baseado no livro homônimo da autora norte-americana Angie Thomas, *O ódio que você semeia* promove uma discussão que, infelizmente, não deixa de ser atual."

30. Book: O Guia (2018)
"Tony Lip, um segurança ítalo-americano, é contratado como motorista do Dr. Don Shirley, um pianista negro de classe alta, durante uma turnê pelo sul dos Estados Unidos. Confrontados com o racismo – assim como pela humanidade e o humor inesperado -, eles são forçados a deixar de lado as diferenças para sobreviver e prosperar nessa jornada."

31. American Son (2019)
"Após sair com os amigos, Jamal, um adolescente de 18 anos, desaparece misteriosamente. Sua mãe, Kendra passa todo o tempo na delegacia esperando notícias. Negra, ela precisa enfrentar o racismo dos policiais sozinha e não consegue informações importantes sobre o filho. Quando o agente Scott aparece, os policiais logo revelam detalhes do desaparecimento, sem saberem que esse agente do FBI branco é pai de Jamal e ex-marido de Kendra."

32. Olhos que Condenam (2019)
"Em 1989, uma corredora foi atacada e estuprada no Central Park em Nova York e **cinco jovens negros foram incriminados pelo ocorrido**. O quinteto ficou conhecido como "os cinco do Central

Park", e, além de defender sua inocência, precisaram passar anos tentando provar isso.

Esta minissérie biográfica cobre um período de mais de 20 anos, desde que os jovens foram interrogados até sua absolvição em 2002 e, finalmente, ao acordo com a cidade de Nova York em 2014. A produção de quatro episódios está disponível na Netflix."

33. Watchmen (2019)

"Ambientada no universo dos super-heróis controversos criados por Alan Moore, a minissérie da HBO se passa alguns anos após os eventos da HQ, mas é influenciada por acontecimentos de décadas atrás. Neste contexto, os vigilantes são tratados como foras da lei e a detetive Angela Abar investiga o ressurgimento de um grupo supremacista branco terrorista inspirado no personagem Rorschach. Só que em sua investigação ela descobre aspectos indesejáveis e traumáticos da própria história e de como seus familiares foram tratados no passado por serem negros."

34. M8 - Quando a morte socorre a vida (2019)

"Vocês repararam que todos os corpos do laboratório são pretos?" Essa é a pergunta do personagem de Juan Paiva durante uma aula de anatomia após ingressar no curso de Medicina. No filme de Jeferson De o conflito do personagem em entender suas próprias angústias e descobrir a identidade de um dos cadáveres dissecados durante a aula reflete em questões muito mais complexas, como o racismo e a impunidade.... "

35. Kings: Los Angeles em Chamas - Telecine Play(2019)

Em 1992, uma área pobre nos EUA é tomada por protestos quando o taxista negro Rodney King é espancado por policiais que acabam inocentados. Mãe solteira, Millie tenta proteger seus filhos em meio ao caos.

36. Dias Sem Fim (2020)

"Jahkor cresceu traumatizado pelas atitudes do pai, o criminoso JD, e jurou que seria um homem diferente. Mas, ao descobrir que será pai, ele se desespera por não ter dinheiro e aceita entrar para o submundo do crime. Após cometer um assassinato, Jahkor é preso e levado para a mesma cadeia onde seu pai está. Decepcionado, ele tenta rever suas atitudes para descobrir como proporcionar uma vida melhor ao seu filho."

37. Os 7 de Chicago (2020)
"Em 1968, em Chicago, o Partido Democrata realiza uma convenção para escolher os candidatos à eleição presidencial daquele ano. Do lado de fora, mais de 15 mil manifestantes contra a Guerra do Vietnã entram em confronto com a polícia e a Guarda Nacional dos EUA. Os organizadores do protesto, que era inicialmente pacífico, são acusados de conspiração e incitação da desordem. O julgamento deles atrai atenção mundial."

38. Pequenos incêndios por toda parte (2020)
"A minissérie é uma adaptação do romance de Celeste Ng. A história se passa em um regrado subúrbio, para onde Mia, uma mãe solteira negra, se muda com sua filha Pearl. Não demora muito para que ela estranhe a hospitalidade forçada de sua vizinha e locadora da casa onde mora.

39. Emicida: Amarelo - É Tudo Pra Ontem (2020)
"Respiro e um sopro de esperança. Muito mais do que mostrar os bastidores de um show impecável no Theatro Municipal de São Paulo, o documentário resgata a importância e o legado da cultura e do movimento negro no país. Sensível e com um roteiro que parte da música à política, o filme produzido pelo Laboratório Fantasma conta a história que segue esquecida nos livros e inviabilizada por uma sociedade pautada por uma hegemonia cultural.... "

40. Dois estranhos-(2020)
. "Em Dois Estranhos, o cartunista Carter James (Joey Bada$$) está tentando voltar para casa para encontrar seu cachorro depois de um bem-sucedido primeiro encontro, porém acaba sendo vítima de um policial racista e é baleado. Para sua surpresa, ao invés de morrer, ele acaba revivendo o dia inteiro novamente."

41. Doutor Gama - (2021)
"Doutor Gama baseia-se na biografia de Luiz Gama, homem negro que usou leis e tribunais para libertar mais de 500 escravizados. Um abolicionista e republicano que inspirou o país."
"O longa-metragem brasileiro Doutor Gama foi selecionado para participar do American Black Film Festival (ABFF), maior evento de cinema negro do mundo. O filme nacional está entre as 10 obras escolhidas para integrar a edição que marca o aniversário de 25 anos do festival.

Dirigido pelo cineasta Jeferson De, Doutor Gama conta a trajetória de um dos personagens mais impressionantes da história brasileira. O abolicionista Luiz Gama nasceu livre na Bahia, foi vendido pelo próprio pai para pagar uma dívida de jogo, aprendeu a ler e a escrever já adulto e, como advogado, libertou mais de 500 pessoas escravizadas."

※

"É importante ressaltar que o **racismo é crime** com base na Lei nº 7.716, de 5 de janeiro de 1989."

"Constituem objetivos fundamentais da República Federativa do Brasil: promover o bem de todos, sem preconceitos de origem, raça, sexo, cor, idade e quaisquer outras formas de discriminação. A lei punirá qualquer discriminação atentatória dos direitos e liberdades fundamentais".

11 OBRAS INFANTIS SOBRE O RACISMO – (DIA DO NASCIMENTO DE MAZZA, REPRESENTADO PELO Nº11)[66]

1. **"Histórias da Preta", de Heloisa Pires (Companhia das Letrinhas,** 2005) Preta nos leva a um passeio, às vezes divertido e às vezes denso, sobre a descoberta de sua identidade. Já no início da narrativa ela questiona: "Ser negra é como me percebem? Ou como eu me percebo?". Pelas histórias e reflexões da protagonista são apresentadas questões como a diversidade do continente africano,

66 Referências:
https://www.mazzaedicoes.com.br/
https://www.pallaseditora.com.br/
https://www.companhiadasletras.com.br/?gclid=EAIaIQobChMIg5Lxk6Tm8gIVgdtMAh1EQQ0VEAAYASAAEgJpkvD_BwE
https://www2.boitempoeditorial.com.br/categorias/literatura/boitata
https://www.editoramale.com.br/
https://www.editoramelhoramentos.com/
https://www.ediouro.com.br/selos/nova-fronteira
https://www.rocco.com.br/selo/rocco-pequenos-leitores/
https://lunetas.com.br/livros-infantis-educacao-antirracista/

o tráfico negreiro, o preconceito racial e a religiosidade. O livro, escrito por Heloisa Pires Lima e ilustrado por Laurabeatriz, foi publicado em 1998, quando ainda havia poucas obras assim, voltadas para as crianças.

2. **"Omo-oba: histórias de princesas", de Kiusam de Oliveira (Mazza)** Os seis mitos africanos, recontados por Kiusam de Oliveira e ilustrados por Josias Marinho, oferecem a oportunidade de conhecer princesas bem diferentes das que habitam os contos de fadas de origem europeia. Tão presentes nos livros infantis, as princesas são admiradas pelas crianças mas parecem ser sempre iguais. Nesta obra são apresentadas as orixás femininas, divindades da mitologia iorubá, com toda sua força e poder.

3. **"Benedito", de Josias Marinho (Caramelo)** Neste livro-imagem, um bebê descobre o tambor, explora seus sons e encontra-se com sua cultura e ancestralidade. O autor, o rondoniense Josias Marinho, se inspirou nas manifestações do congado de Minas Gerais para dar vida a Benedito. A narrativa visual abre oportunidade para que os pequenos leitores tomem contato desde cedo com a riqueza da cultura afro-brasileira.

4. **"A mãe que voava", de Caroline Carvalho (Aletria)** A pequena Alice se diverte com o pai enquanto a mãe sai de carro para trabalhar. Curiosa, quer saber onde a mãe trabalha e descobre que ela é professora. Imagina a mãe dividindo o colo com muitas crianças, mas ao acordar no fim do dia tem de volta o colo todinho só para si. Com texto da catarinense Caroline Carvalho e ilustrações da portuguesa Inês da Fonseca, o livro mostra uma família feliz e distante dos estereótipos.

5. **"Mãe Sereia", de Teresa Cárdenas (Pallas)** Um navio negreiro é o cenário desta narrativa, escrita pela cubana Teresa Cárdenas e ilustrada pela argentina Vanina Starkoff. Nesta ficção, que seria a primeira viagem a levar pessoas escravizadas da África para outro continente, a Mãe Sereia acompanha a travessia para amenizar o sofrimento e o medo desse povo a caminho do desconhecido. Oralidade, religiosidade, fé e poesia caminham juntos nesse livro, intenso e necessário.

6. **O Cabelo de Cora- Ana Zarca Câmara (2013) Pallas**
Quanto o assunto aparência surge na roda de meninos e meninas é sinal que em pouco tempo uma opinião inocente pode virar uma

crítica implacável como só as crianças sabem fazer. Peso, altura, e um simples penteado fora do padrão podem causar problemas se a criança não possuir a autoestima de Cora. Cora é uma menina como as outras, que adora ir à escola e é bastante orgulhosa do seu cabelo. Ele não é liso como o das outras meninas. É crespo como o de sua Tia Vilma e sua avó. Mas talvez O cabelo de Cora não pareça tão belo para suas colegas e ela pode precisar de um empurrãozinho para aprender a amá-lo de novo e a dizer para todo mundo o quanto ele é bonito do jeito que ele é. Cora descobre que seu cabelo é a sua marca. Ela tem cabelo crespo. Você tem cabelo liso. Divirta-se com a história de Cora e faça de sua diferença sua exclusividade.

7. **A Neta de Anita-Anderson de Oliveira (2017) Mazza Edições**

Ao ler este livro, você caminhará ao lado de uma criança bela, corajosa e sensível, fortalecida por sua ancestralidade, mas que também vivencia o racismo e a discriminação. Situações fortes e presentes na infância, esses desafios são identificados pela neta de Anita – filha do Sol – e, de maneira delicada, mas com o vigor necessário, serão enfrentados por meio da cumplicidade e do conhecimento.
' - Mara Evaristo

8. **Meu crespo é de rainha- Bel Hooks (2018) Boitatá**

Publicado originalmente em 1999 em forma de poema rimado e ilustrado, esta delicada obra chega ao país pelo selo Boitatá, apresentando às meninas brasileiras diferentes penteados e cortes de cabelo de forma positiva, alegre e elogiosa. Um livro para ser lido em voz alta, indicado para crianças a partir de três anos de idade - e também mães, irmãs, tias e avós - se orgulharem de quem são e de seu cabelo 'macio como algodão' e 'gostoso de brincar'. Hoje em dia, é sabido que incontáveis mulheres, incluindo meninas muito novas, sofrem tentando se encaixar em padrões inalcançáveis de beleza, de problemas que podem incluir desde questões de insegurança e baixa autoestima até distúrbios mais sérios, como anorexia, depressão e mesmo tentativas de mutilação ou suicídio. Para as garotas negras, o peso pode ser ainda maior pela falta de representatividade na mídia e na cultura popular e pelo excesso de referências eurocêntricas, de pele clara e cabelos lisos. Nesse sentido, Meu crespo é de rainha é um livro que enaltece a beleza dos fenótipos negros, exaltando penteados e texturas afro, serve de referência à garota que se vê ali representada e admirada

9. **A cor de Caroline- Alexandre Rampazo(2021) Rocquinho**
Coleção Orgulho de ser eu (desde pequena) Coraline ouviu de Pedrinho a pergunta que achou difícil: me empresta o lápis cor de pele? Aí começou a aventura da menina que fica indagando qual seria a cor da pele. Ela olhou todas as cores de sua caixa de lápis. Pequena, tinha apenas doze. Coraline repassou todas as cores e descobriu maravilhada que cada cor de pele é bonita, cada cor tem uma razão, cada cor significa uma pessoa, um jeito de ser. De cor em cor, ela percebeu que não importa o tom de pele, todos são iguais. E então também soube que linda é a cor de sua pele. Assim, Alexandre Rampazo mostrou a diversidade e a unidade deste mundo. As cores não servem para diferenciar, mas para tornar tudo mais belo. Imagine a monotonia de um mundo cheio de gente de uma cor só? A beleza é a multiplicidade. Daria para Rampazo fazer meninos e meninas com todas as cores do mundo? Ignácio de Loyola Brandão.

10. **Com qual penteado eu vou? Kiusam de Oliveira (2020) Melhoramentos**
Uma obra fundamental para pautar a diversidade e a beleza que existe em cada criança, independente de com qual penteado ela vai. Com um texto rico e claro, como só a Kiusam de Oliveira, doutora em Educação e com diversas publicações de sucesso, poderia nos trazer. Este livro é uma dessas pinturas estonteantes. Cenas plásticas que nos prendem a atenção! A festa de 100 anos do Seu Benedito vai animar toda a família, afinal, agora ele é um cen-te-ná-rio.

Para homenagear seu bisavô nessa data tão importante, suas bisnetas e seus bisnetos irão escolher penteados lindos para participarem da comemoração. E cada uma e cada um irá presentear seu bisa com a virtude mais poderosa que tem. Com qual virtude você presentearia alguém tão especial?

11. **Princesas Negras- Edileuza Penha, e Ariane Celestino(2019) Malê**
Elas estão nas escolas, nas universidades e em diversos postos de trabalho. As princesas negras são inteligentes, lutadoras, espertas e aprendem muito com suas mães e avós. São especiais, com seus cabelos crespos e sua ancestralidade.

03 TRECHOS DE MÚSICAS SOBRE RACISMO – (MÊS DO ANIVERSÁRIO DE MAZZA- MARÇO- REPRESENTADO PELO Nº03)[67]

"OLHOS COLORIDOS"

(...) "Os meus olhos coloridos
Me fazem refletir
Eu estou sempre na minha
E não posso mais fugir

Meu cabelo enrolado
Todos querem imitar
Eles estão baratinados
Também querem enrolar

Você ri da minha roupa
Você ri do meu cabelo
Você ri da minha pele
Você ri do meu sorriso
A verdade é que você

Tem sangue crioulo
Tem cabelo duro
Sarará crioulo
Sarará crioulo (sarará crioulo) Sarará crioulo (sarará crioulo) Sarará crioulo (sarará crioulo) Sarará crioulo (sarará crioulo) (...)"

Composição de Osvaldo Rui da Costa, o Macau.

[67] Referências
https://www.vagalume.com.br/
https://www.google.com/search?q=letra+da+musica+identidade+jorge+arag%C
https://www.google.com/search?q=letra+da+musica+racismo+%C3%A9+burrice&rlz=1C1GCEA_enBR911BR911&oq=letra+da+musica+racismo+%C3%A9+b
https://www.google.com/search?q=letra+da+musca+olhos+coloridos+sandra+de+sa&rlz=1C1GCEA_enBR911BR911&ei=T84zYanPB9W65OUP-5WZgAo&o

"IDENTIDADE"

(...) "Se preto de alma branca pra você
É o exemplo da dignidade
Não nos ajuda, só nos faz sofrer
Nem resgata nossa identidade

Elevador é quase um templo
Exemplo pra minar teu sono
Sai desse compromisso
Não vai no de serviço
Se o social tem dono, não vai

Quem cede a vez não quer vitória
Somos herança da memória
Temos a cor da noite
Filhos de todo açoite
Fato real de nossa história

Se preto de alma branca pra você
É o exemplo da dignidade
Não nos ajuda, só nos faz sofrer
Nem resgata nossa identidade." (...)

Composição de Jorge Aragão

"RACISMO É BURRICE"

(...) "Não seja um imbecil
Não seja um ignorante
Não se importe com a origem ou a cor do seu semelhante
O quê que importa se ele é nordestino e você não?
O quê que importa se ele é preto e você é branco
Aliás, branco no Brasil é difícil, porque no
Brasil somos todos mestiços
Se você discorda, então olhe para trás
Olhe a nossa história, os nossos ancestrais
O Brasil colonial não era igual a Portugal
A raiz do meu país era multirracial
Tinha índio, branco, amarelo, preto
Nascemos da mistura, então por que o preconceito?
Barrigas cresceram, o tempo passou
Nasceram os brasileiros, cada um com a sua cor
Uns com a pele clara, outros mais escura
Mas todos viemos da mesma mistura
Então presta atenção nessa sua babaquice
Pois como eu já disse racismo é burrice
Dê a ignorância um ponto final
Faça uma lavagem cerebral"

(...) Racismo é burrice

O racismo é burrice mas o mais burro não é o racista
É o que pensa que o racismo não existe
O pior cego é o que não quer ver
E o racismo está dentro de você
Porque o racista na verdade é um tremendo babaca
Que assimila os preconceitos porque tem cabeça fraca
E desde sempre não para pra pensar
Nos conceitos que a sociedade insiste em lhe ensinar
E de pai pra filho o racismo passa
Em forma de piadas que teriam bem mais graça
Se não fossem o retrato da nossa ignorância
Transmitindo a discriminação desde a infância

MARGARETH SANTANA

E o que as crianças aprendem brincando
É nada mais nada menos do que a estupidez se propagando
Nenhum tipo de racismo - eu digo nenhum
tipo de racismo - se justifica
Ninguém explica
Precisamos da lavagem cerebral pra acabar com
esse lixo que é uma herança cultural
Todo mundo que é racista não sabe a razão
Então eu digo meu irmão
Seja do povão ou da elite
Não participe
Pois como eu já disse racismo é burrice
Como eu já disse racismo é burrice".(...)

Composição de Gabriel o Pensador

"VOZ-SÉRIE DE ARTIGOS COM JURISTAS RENOMADOS DEDICADA A DISCUTIR QUESTÕES RELACIONADAS À RAÇA E DIREITO"[68]

"EU, MULHER NEGRA, NÃO SOU SUJEITO UNIVERSAL!"

> "O que acontece com a tão festejada Lei Maria da Penha – supostamente universal?"
> "Uma mulher negra
> diz que ela é uma mulher negra.
> Uma mulher branca
> diz que ela é uma mulher.
> Um homem branco
> diz que é uma pessoa."
> **Grada Kilomba"**

"Numa sociedade estruturada pelo racismo patriarcal, raça e gênero são dois dos principais marcos imediatos de identificação – mas também de subalternização social – de uma pessoa. A forma como as opressões do racismo e do sexismo se interseccionam para produzir vulnerabilidades específicas contra mulheres negras nos remete à frase de Grada Kilomba acima transcrita."

68 Disponível em: https://www.jota.info/opiniao-e-analise/artigos/eu-mulher-negra-nao-sou-sujeito-universal-12082020?amp

"O QUE ACONTECE COM A TÃO FESTEJADA LEI MARIA DA PENHA – SUPOSTAMENTE UNIVERSAL – QUE NÃO CONSEGUE PROTEGER MULHERES NEGRAS, NA MESMA PROPORÇÃO QUE PROTEGE MULHERES BRANCAS?"

"Compreender por que as mulheres negras se encontram na base da pirâmide social e no topo dos índices de violência e encarceramento envolve importante reflexão sobre as estruturas racistas e patriarcais que, historicamente, têm garantido a manutenção de privilégios em favor dos mesmos grupos sociais/raciais. A reprodução dessas formas estruturais de opressão pelo sistema de justiça traz obstáculos para que a cláusula da igualdade cumpra seu papel de reduzir o peso das identidades de raça e gênero para que mulheres negras alcancem sua emancipação."

"A sub-representação das mulheres negras nos espaços de poder e decisão – notadamente na academia jurídica e no sistema de justiça brasileiro – é fator que guarda relação direta com a persistência de uma concepção universalizante do Direito, cega às diferenças e mantenedora do *status quo* de dominação do "outro". Nesse sentido, a inclusão de mulheres negras é medida imprescindível para a abertura dessas instituições à diversidade e, com isso, a perspectivas epistemológicas necessárias para a construção de uma justiça com equidade de gênero e raça, em contraposição aos padrões epistemológicos brancocêntricos e androcêntricos."

"Sendo assim, ouso dizer que não são as mulheres negras que precisam desses espaços. Antes, são a academia jurídica e o sistema de justiça que precisam das mulheres negras!"

"(…) A voz da minha filha/recorre todas as nossas vozes/recolhe em si/as vozes mudas caladas/engasgadas nas gargantas. A voz de minha filha/recolhe em si/a fala e o ato. O ontem – o hoje – o agora. Na voz de minha filha/se fará ouvir a ressonância/o eco da vida-liberdade". Vozes-mulheres – Conceição Evaristo.

Lívia Sant'Anna Vaz- Promotora de Justiça do Ministério Público do Estado da Bahia" -

DECIFRANDO, CONJUGANDO E NOTICIANDO MARIA MAZARELLO[69]

A Literatura Afro-Brasileira, especialmente a mineira, tem a Editora Maria Mazarello Rodrigues, jornalista ponte-novense mulher negra, guerreira, ativista as causas raciais e a todos os tipos de preconceitos. É conhecida carinhosamente por "Mazza", nome da sua editora pioneira há 40 anos no mercado literário voltado a temática da negritude. A Mazza Edições tem o selo "Penninha Edições", que foi criado em homenagem a sua mãe, Amariles Pena Rodrigues, falecida há 43 anos, conhecida por Dona Penninha e com o objetivo de ampliar sua atuação no mercado literário infantil e infanto-juvenil.

(...) "Vamos conhecer uma pouco mais da Mazza:

Livro de cabeceira: UM DEFEITO DE COR, de Ana Maria Gonçalves. Motivos vários da preferência, que vão de um texto bem escrito, bem pesquisado, com uma temática que me interessa sobremaneira. Acabei voltando pela segunda vez à Ilha de Itaparica, ponto central da história e pretendo voltar outras vezes, para percorrer os locais onde viveu a personagem. Penso até que descobrirei mais coisas que dizem respeito aos meus ancestrais.

Livro que mais releu: ZÉ, livro que releio sempre, especialmente por se tratar de um personagem que deu a vida por este país e, no final, se indaga se valeu à pena. Penso que ficaria decepcionado, se vivesse até hoje. A edição é da própria Mazza Edições e autoria de Samarone Lima.

Livro de Infância: CORAÇÃO – Edmondo de Amicis

Último livro que deu de presente: UM DEFEITO DE COR (Já dei vários)

Livro que emprestou, não foi devolvido, mas nunca foi esquecido: LAMPIÃO E LANCELOTE – Fernando Vilela

Último livro que leu: AS LUZES DE LEONOR – Maria Theresa Horta

---

69 Disponível em: http://www.camaramineiradolivro.com.br/noticias/biblio
filos-mineiros-um-perfil-afetivo-dos-amigos-dos-livros-em-minas-gerais/

Livro que comprou e até hoje não leu: Já li todos os livros que comprei

Livro que desistiu no meio do caminho: ULISSES, de James Joyce (mas pretendo terminar um dia)

Livro mais valioso: Entre outros, GRANDE SERTÃO, veredas, de Guimarães Rosa."

A Maria Mazarrelo foi a homenageada ao 4º Festival Literário Internacional de BH (FLI BH), realizado no dia 10 a 20 de agosto de 2021 pela Secretaria Municipal de Cultura e a Fundação Municipal de Cultura, em parceria com o Instituto Periférico. O tema foi "Virando a Página: Livro e Leitura Tecendo Amanhãs" e foi a primeira pessoa viva homenageada do Festival.

Foi lindo e emocionante no final da sua fala, na Mesa de Debate – Pele e Edição, com a participação de Arlete Soares (Salvador), Cristina Wart(Rio) mediação de Fabiane Rodrigues(BH) dizer que estava muito feliz e que dedicava essa homenagem a sua mãe, que tudo que era realizado em sua vida, era sempre por ela e para ela.

A sua garra e determinação diante das lutas como a falta de verbas públicas e preconceitos, vencidas e reconhecidas, pela sua resistência, força, representatividade e por nunca ter perdido a esperança de que dias melhores viriam e sempre virão. A sua voz permeia dentro de cada um que se sente representado por suas causas, através do seu legado, da sua resistência, principalmente da população negra. A Mazza Edições no decorrer desses anos, vem dando oportunidades e voz a todos, em especial aos escritores e ilustradores negros, com livros de conteúdos excelentes e de qualidades, desde a sua editoração até a publicação.

A Maria Mazarello, **decifrada** e octogenária, nasceu em 11/03/1941, na zona da mata mineira, em Ponte Nova. É torcedora do Vila Nova de Nova Lima, companheira inseparável da sua irmã Ana Maria, leitora assídua de jornais, amante de uma boa leitura e pescaria.

CONJUGANDO NOS TEMPOS VERBAIS, PRESENTE DO INDICATIVO E NO FUTURO DO PRESENTE DO INDICATIVO:

NO PRESENTE DO INDICATIVO

Eu Mazarello a sua representatividade
Tu Mazarellas a sua personalidade
Ele Mazarella a sua capacidade
Nós Mazarellamos a sua generosidade
Vós Mazarellais a sua inteligência
Eles Mazarellam a sua resistência

NO FUTURO DO PRESENTE DO INDICATIVO

Eu Mazarellei e direi: Salve Maria Mazarello!
Tu Mazarellás e dirás: Vida Longa à Mazza!
Ele Mazarellá e dirá: Salve os seus Orixás!
Nós Mazarellamos e diremos: Salve a sua Santa Rita de Cássia!
Vós Mazarelleis e direis: Salve a sua Negritude!
Eles Mazarellão e dirão: Muito Axé a Maria Mazarello Rodrigues!

NOTICIANDO...

MAZZA INAUGURA COLEÇÃO BIBLIÓFILOS MINEIROS DA CML.[70]

"Todos conhecem o ditado popular: Diga-me com quem andas e direi quem és. Ele pode ser aplicado para os leitores e seus livros, já que o bom leitor investe muito amor ao escolher os livros que vai ler. Não estamos falando de qualquer livro, mas aqueles no canto preferido da estante, ou talvez da mesinha de cabeceira, que desperta paixões. E não estamos falando de qualquer leitor, tampouco. Estamos falando de leitores apaixonados que fazem parte do mundo literário de Minas Gerais. Estamos falando dos Bibliófilos Mineiros." - CML

[70] Fonte: http://www.camaramineiradolivro.com.br/ 14/03/2016

MATÉRIA DO SITE BRASIL DE FATO ABORDA HISTÓRIA DE MARIA MAZARELLO RODRIGUES E DA MAZZA EDIÇÕES[71]

"Uma mulher negra que, vivendo na década de 1980, criou uma editora com uma visão de mundo que valoriza e propaga a igualdade racial e social. Essa é a história de Maria Mazarello Rodrigues e da Mazza, empresa belo-horizontina especializada em publicações étnico-raciais que está em atividade até os dias atuais."

MAZZA NA REVISTA CANJERÊ[72]

"É uma história negra de sucesso literário" sob este título a jornalista Etiene Martins conduz uma matéria de capa para a Revista Canjerê com nossa querida Maria Mazarello Rodrigues.

MARIA MAZARELLO RODRIGUES PARTICIPOU DO PODCAST ENTRE FRALDAS! CONFIRA[73]

No mês da Consciência Negra, o Entre Fraldas Podcast recebeu Maria Mazarello Rodrigues, fundadora da Mazza Edições, para falar sobre literatura negra, racismo e dicas de leitura para crianças!

MATÉRIA DO SITE BRASIL DE FATO ABORDA HISTÓRIA DE MARIA MAZARELLO RODRIGUES E DA MAZZA EDIÇÕES[74]

"Uma mulher negra que, vivendo na década de 1980, criou uma editora com uma visão de mundo que valoriza e propaga a igualdade racial e social. Essa é a história de Maria Mazarello Rodrigues e da Mazza, empresa belo-horizontina especializada em publicações étnico-raciais que está em atividade até os dias atuais."

---

71 Fonte: https://www.brasildefato.com.br 18/12/2017
72 Fonte: revistacanjere.wordpress.com 05/06/2017
73 Fonte: entrefraldas.com.br 23/11/2017
74 Fonte: https://www.brasildefato.com.br 18/12/2017

O PIONEIRISMO DA MAZZA EDIÇÕES E SUA RESISTÊNCIA EM PROL DA CULTURA AFRO-BRASILEIRA, UM REFERENCIAL.[75]

"*"Fiquei incomodada ao perceber que no Brasil, um País multirracial, não havia empresas editoriais que contemplassem a cultura afro-brasileira", diz Maria Mazarello Rodrigues, que fundou em 1981, em Belo Horizonte, a Mazza Edições. A empresa tem o propósito de colaborar para a construção de uma sociedade baseada na ética e no respeito à diversidade. "Fiz o mestrado em editoração em Paris, e lá percebi que muitos países europeus publicavam e consumiam escritores, livros e editoras que abordavam a temática da cultura africana", diz.*"

CONFIRA MATÉRIA DO O TEMPO - MAGAZINE SOBRE O BOICOTE À OBRA OMO-OBÁ[76]

"*Ela ainda argumenta que, quando tipos de publicações como essa são perseguidas, a autoestima de crianças e mulheres negras é afetada. "Nós, mulheres negras, temos a autoestima baixa porque temos que matar um leão por dia para enfrentar o racismo. O que vejo é um retrocesso", indica.*"

MAZZA NO CONVERSAÇÕES[77]

O Conversações fez uma entrevista muito legal com a fundadora da Mazza Edições, nossa querida Maria Mazarello Rodrigues. CONFIRA!

---

75 Fonte: Finanças Femininas 04/05/2018
76 Fonte: O Tempo 24/04/2018
77 Fonte: facebook.com/maisconversacoes 18/05/2018

HOMENAGEM A MAZZA CMBH[78]

Diploma de Honra ao Mérito- CMBH pelo vereador Arnaldo Godoi

MAZZA RODRIGUES HOMENAGEADA NA 7ª TEMPORADA DA SEGUNDA PRETA[79]

"Você que me lê e ouve não imagina a força-motriz que é Maria Mazarello Rodrigues, mulher negra de Ponte Nova (terra também do glorioso Reinaldo) que construiu uma empresa sólida, a Mazza Edições, sem lastro de herança econômica familiar. Estruturou o projeto na tora, no braço, no trabalho incansável para materializar um sonho de liberdade num país racista e cínico que negava a existência do próprio tema gerador da empresa, o racismo e todas as suas mutações." Com as palavras de Cidinha da Silva para saudar e apresentar Mazza Rodrigues. Confira o texto completo clicando abaixo.

HOMENAGEADA AO 4º FESTIVAL LITERÁRIO INTERNACIONAL DE BH (FLI BH)[80]

A Maria Mazarrelo foi a homenageada ao 4º Festival Literário Internacional de BH (FLI BH), realizado no dia 10 a 20 de agosto de 2021 pela Secretaria Municipal de Cultura e a Fundação Municipal de Cultura, em parceria com o Instituto Periférico. O tema foi "Virando a Página: Livro e Leitura Tecendo Amanhãs" e foi a primeira pessoa viva homenageada do Festival.

Foi lindo e emocionante no final da sua fala, na Mesa de Debate – Pele e Edição, com a participação de Arlete Soares (Salvador), Cristina Wart(Rio) mediação de Fabiane Rodrigues(BH) dizer que estava muito feliz e que dedicava essa homenagem a sua mãe, que tudo que era realizado em sua vida, era sempre por ela e para ela.

---

78 07/08/2018
79 Fonte: https://www.facebook.com/segundapreta 18/03/2019
80 Fonte: http://www.portalbelohorizonte.com.br/fli/2021/o-fli-bh Agosto 2021

A sua garra e determinação diante das lutas como a falta de verbas públicas preconceitos, vencidas e reconhecidas, pela sua resistência, força, representatividade e por nunca ter perdido a esperança de que dias melhores viriam e sempre virão. A sua voz permeia dentro de cada um que se sente representado por suas causas, através do seu legado, da sua resistência, principalmente da população negra. A Mazza Edições no decorrer desses anos, vem dando oportunidades e voz a todos, em especial aos escritores e ilustradores negros, com livros de conteúdos excelentes e de qualidades, desde a sua editoração até a publicação

HOMENAGEM 94 ANOS DA UFMG

Medalha de Honra UFMG *a ex-20 alunos*
Maria Mazarello indicada pela FAFICH- *Faculdade de Filosofia e Ciências Humanas-*
Instagram @ufmg - 06/09/2021

O SIM AOS MEUS PROJETOS LITERÁRIOS

Kiusam de Oliveira[81]

Mazza estou aqui para dizer o quanto é importante em minha trajetória literária. Você foi a primeira editora a dizer sim aos meus textos, textos contidos no livro Omo-Oba; histórias de Princesas, que se tornou um clássico da literatura brasileira, literatura negro brasileira infantil, ilustrado por Josias Marinho.

Eu me lembro desse episódio com muito carinho, porque após você ter apresentado algumas ilustrações de alguns ilustradores e ilustradoras que você indicou, eu recusei a todos. E você disse, você me ameaçou:" presta a atenção, viu? Se você não escolher um dos três que eu vou te encaminhar agora, eu vou cancelar o contrato contigo".

Eu já havia recebido cinco ilustradores e Josias Marinho se destacou porque ele quis participar desse projeto, apesar de não entender nada sobre aquelas princesas que estavam lá, dos orixás. Enfim, trabalhamos juntos de perto e ele trouxe aquele material, aquele resultado lindo e encantador que compõe o livro Omo-Oba: a história de Princesas.

E foi assim através do seu olhar, Mazza! Se não fosse por isso, você mereceria, continuaria merecendo todos prêmios, todas as homenagens. Você foi a mulher que foi estudar lá fora e veio com essa ideia magnifica de criar uma editora focada em textos de autores e autoras negras. E isso foi uma queda de paradigma tremenda da literatura do Brasil.

---

[81] Bailarina, escritora, ativista e feminista do Movimento Negro, nascida em Santo André- SP.

E eu imagino o quanto que você penou, o tanto que você sofreu para se firmar no mercado como você se firmou. Então isso só retrata a mulher de coragem e fibra, que é.

Quem conviveu ou convive com você, sabe dessa mulher firme e forte, destemida. O meu abraço, o meu reconhecimento e de toda essa fortaleza que você é, o qual é necessária para o Brasil. E não só pensando em literatura de jeito algum, pensando na conjuntura nacional, no tamanho da sua contribuição!

Gratidão, um abraço, felicidades!

EU NUNCA SENTI ISSO NA PELE, ATÉ....

Claudio Henrique[82]

> "Em qualquer lugar onde apareça, o Negro liberta dinâmicas passionais e provoca uma exuberância irracional que tem abalado o próprio sistema racional. De seguida, deve-se ao fato de que ninguém – nem aqueles que o inventaram nem os que foram englobados neste nome – desejaria ser um negro ou, na prática, ser tratado como tal. Além do mais, como explicou Gilles Deleuze, "há sempre um negro, um judeu, um chinês, um mongol, um ariano no delírio", pois aquilo que faz fermentar o delírio são, entre outras coisas, as raças."
> **Achille Mbembe, em "A crítica da razão negra"**

Antes de dar mais detalhes, quero voltar no tempo, um tempo em que eu nem conhecia a expressão *racismo estrutural*. Apesar de ser uma criança observadora, como todas, e vir de uma família reconhecidamente negra, por parte de mãe, o assunto *racismo* não era discutido nem em casa, nem na escola.

Sou caçula de cinco irmãos e dos primos da primeira geração. Sempre recebi muito amor de todos. Na escola, não foi diferente. Estudei em duas excelentes escolas estaduais. Guardo, com maior carinho, a relação das professoras primárias comigo - exceção de uma que era totalmente descontrolada, nos dias atuais ela seria expulsa; qualquer coisa que a incomodasse, de uma simples pergunta à uma peraltice na sala, D. Ana se transformava: o rosto branco era tomado por um vermelho intenso, cerrava a boca e dava beliscões naquele aluno que a irritou. Graças à Deus, não passei por isso.

---

[82] É jornalista, especialista em produção cultural e mestre em comunicação social pela UFMG. Dirige e apresenta o programa literário, Conversações, exibido pela Rede Minas.

Meu relacionamento com os colegas de escola – ensino fundamental e médio - sempre foi muito tranquila. Me chamavam de Cláudio Henrique. Depois de adulto, virei Claudinho. Encaro o diminutivo como sintoma da estatura. Não guardo na memória nenhuma situação que me lembre racismo. Se existiu, não vi, não ouvi, não senti. Melhor assim. Da adolescência, tanto no Conservatório de Música, em São João del Rei, quanto na Igreja onde fiz o catecismo e estudei gregoriano, só boas recordações.

Tem outro componente: tive todas oportunidades e mais algumas que meus irmãos mais velhos não tiveram. E a torcida incondicional, até hoje. Minhas conquistas são as conquistas deles, vibram junto, respeitam cada escolha, de um modo incrível. Quando eu me mudei de São João para Belo Horizonte, com intuito de estudar e por gostar da cidade, não foi diferente. Minha irmã, Sandra, me recebeu em sua casa como mãe - ela já morava em BH há um bom tempo.

Logo que cheguei à capital, comecei a trabalhar para pagar o cursinho e dar uma força nas despesas de casa, embora minha irmã não me cobrasse nada, quer dizer, apenas fazer o almoço de domingo porque gosta do meu tempero. Vai saber....

No novo trabalho e no cursinho também sempre tive boas relações. Meu primeiro trabalho na cidade grande foi em uma rede de lojas de eletrodomésticos – Ponto Frio. Existia uma vida fora do trabalho com os colegas "da firma" – morando na capital dos bares, rodeada de sítios, noite agitada... já viu... Hoje chamam de "rolê", né? A gente fazia muitos. Depois fui para uma financeira. Os rolês só aumentaram.

Quando entrei para a Universidade, ocorreu um choque. Ingressei em uma turma bastante elitizada, as conversas "corriqueiras" eram: "fui de helicóptero para Escarpas do Lago neste fim de semana; vou sempre à Paris; nasci e cresci no Belvedere; nunca andei de ônibus, etc.". Pela primeira vez na minha vida, me deparei com as ditas "panelas sociais", eu teria que conviver quatro anos com aquela gente. Sorte que tinham exceções, do ponto de vista social e, principalmente, das mentalidades.

Como eu não tinha histórico [ou lembranças] de racismo em primeira pessoa, só me incomodava o abismo social e o grau de futilidade das conversas. Mas tudo bem, o meu objetivo ali eram os estudos, a formação acadêmica, apesar de passar pelo convívio com aquela gente.

Escola e mercado de trabalho a gente já sabe: grupos se formam, em tese, por afinidades. Me aproximei, ou aproximou de mim, meia dúzia de pessoas que tornaram o percurso mais agradável. Ao final do semestre, a certeza: eu estava no curso errado – Relações Públicas. Errado não no sentido de ser algo inútil, pelo contrário, muitos aprendizados carrego comigo até hoje. A questão era que não me via como alguém que dedicaria a vida àquela atividade. Resumo da ópera: insisti mais três períodos e migrei para o jornalismo. Ufa! Me encontrei. E olha que, à época, eu era introspectivo e acanhado. Passou.

E o racismo, onde entra nessa história?

Ao puxar fios da memória, revisitar espaços-tempos, faço um exercício para detectar vestígios do racismo que eu possa ter sofrido ou ocorrido com terceiros, ao meu lado, sem que eu me desse conta. Por ser algo estrutural, tem muitas sutilezas, além dos sintomas escancarados; ao mesmo tempo, sempre evitei atitudes que pudessem soar como *posição de vítima* para que eu não me fechasse às *trocas interpessoais saudáveis,* independente de credo, raça, classe e contexto em que eu estivesse inserido – posição que talvez tenha dificultado leituras críticas do mundo que me rodeava, mundo do preconceito e discriminação raciais.

Vale ressaltar a distinção entre *preconceito racial* e *discriminação racial,* conforme Sílvio de Almeida, em seu livro *Racismo Estrutural.* Segundo o autor, "o preconceito é o juízo baseado em estereótipos, pode ou não resultar em práticas discriminatórias. A discriminação é o tratamento diferenciado a membros de grupos racialmente identificados, e tem como requisito fundamental o poder". (ALMEIDA, 2021, p. 32). Conceitos que, na atualidade, ajudam na leitura do contexto social do meu passado, predominantemente de pessoas brancas, classe média e alta - do ensino fundamental à Universidade, passando pelo Conservatório de música. Eu teria sido vítima de discriminação em algum momento, dada a raça e perfil competitivo de vários colegas de escola? Provavelmente. Relembrando: as escolas por onde passei eram públicas, exceto a da graduação.

Nas empresas onde trabalhei, a maioria sempre foi branca. Em um país cuja população negra é maioria, tem algo muito errado neste cenário. Não me lembro de pessoas negras no setor de recursos humanos, exceto na atual mas, pra variar, não ocupa cargo de chefia, gerência ou diretoria. O chamado RH torna-se reflexo da ideologia das instituições, afinal, é o filtro, a porta de entrada (ou não) de funcionários. E qual o perfil tem sido filtrado historicamente? Sabemos a resposta.

Sabemos que o racismo nem sempre se apresenta de forma transparente, e eu não recebi uma educação no sentido de *detectar ao menor gesto*, meu olhar e escuta não foram estimulados em casa ou nas escolas para captar esse lado cruel da sociedade, ou seja, das pessoas. O lado bom é que pode ter evitado sofrimentos, situações que eu nem saberia como agir e poderiam me marcar profundamente. O que me vem à memória são alguns olhares e gestos "de complacência", de um aqui, outro ali, o que me faz lembrar o conceito de *discriminação racial*, mencionado anteriormente. O contato com o pensamento e obra de Maria Beatriz Nascimento, Lélia González, Abdias do Nascimento, Sueli Carneiro, Achille Mbembe, Frantz Fanon, Angela Davis, Bell Hooks e tantos outros também vem contribuindo, e muito, para o meu aprendizado.

As pesquisas, as leis, o trabalho incansável de ativistas e as redes sociais exercem papel fundamental para a mudança de paradigmas, tirando a sociedade, ou parte dela, da zona de negligência, educando olhares, provocando movimentos contrários ao estabelecido pelos brancos, ajudando na desconstrução do pensamento colonizado. Impossível deixar de ver ou "desver", deixar de ouvir ou "desouvir", o racismo está posto em praça pública, ecoando nos quatro cantos. Sempre existiu mas, em países como o Brasil, esteve camuflado nos últimos tempos. No contexto atual, ficar em cima do muro, fazer-se de cego, surdo ou mudo é impossível.

Recupero aqui a incansável Maria Beatriz Nascimento que, na década de 1960, tornou-se referência para os movimentos negros e quilombolas, no Brasil. Beatriz Nascimento mudou o rumo das pesquisas sobre os povos negros na Universidade através de núcleos e grupos de estudos. Lutou contra o estereótipo do negro "escravo", destacando que, historicamente, estes não foram apenas a mão de obra das fazendas e mineradoras. Foi além de uma visão simplista imposta por estudiosos brancos: pesquisou as religiões de matriz africana, os quilombos, as favelas, mergulhou no oceano entre América e África em busca da sua verdadeira identidade, colocou sua ancestralidade à serviço da causa, ou melhor, soube valorizar e reverenciá-la. Ao que me lembra a artista contemporânea, Grace Passô, quando afirmou em uma live que o país, em pleno século XXI, sequer encontrou sua identidade. Um país forjado na violência, estupro, apagamentos de culturas e tradições indígenas, africanas, quilombolas precisa descobrir-se para construir essa identidade e, só depois, pensar, desenhar novos rumos. Combater o racismo estrutural, esse mau que nos persegue há 500 anos, está nesse escopo.

Aqui, um destaque para a obra de Darcy Ribeiro, *O povo brasileiro*, em que o autor discute a formação do país a partir das matrizes africana, europeia e indígena, e destaca, dentre outros aspectos, o grande movimento de migração compulsória de africanos que para cá trouxeram, além do repertório genético, uma gama de procedimentos técnicos e de criações simbólicas. Povos bantus, vindos de regiões de Angola e do Congo, Costa da Mina e a baía do Benim; povos Iorubá, oriundos do antigo Daomé ou do reino de Oio, região da Guiné-Bissau.

Reverenciar a ancestralidade africana exige conhecimento da história, historicizar os fatos e um desaprender constante. Desaprender que somos inferiores aos colonizadores, aos ocidentais; desaprender silenciar às sucessivas tentativas de apagamento das vozes e corpos negros que ocupam democraticamente os espaços, apagamento da nossa capacidade intelectual sistematicamente questionada; desaprender que a cor da nossa pele é "feia" e o cabelo "ruim"; desaprender práticas capitalistas que colocam o homem como centro do universo, em detrimento à natureza, ao cosmo; desaprender que as crenças e a sabedoria dos nossos ancestrais não é feitiçaria a ser combatida, pelo contrário, é um manancial de conhecimento que atravessou séculos, resguardada na voz e nos corpos dos *velhos*, dos nossos verdadeiros mestres e mestras, assim como nas culturas indígenas.

Desaprenderes que me lembram uma tia, Laura. Ela sempre foi contrária ao que chama de mistura de raças. "Negro deve ser amigo, namorar e casar com negro. Caso contrário não vai dar certo". A postura intransigente sempre me incomodou, aquele pensamento era radical demais para a minha compreensão. E se eu me apaixonar por uma pessoa branca, não poderei viver aquela relação? Aquilo me soava como *render-se a um apartheid,* negar o convívio com o outro de forma peremptória.

Com a maturidade, as vivências e algumas conversas recentes com esta tia, descobri que ela havia sofrido muito racismo – da infância à fase adulta: na rua, na escola e no trabalho. Entendi que meu julgamento era injusto ou, no mínimo, insensível. A postura "radical" era fruto de marcas profundas na alma. Nunca rendemos essas conversas, nunca entramos nos detalhes das feridas da tia Laura. Era sofrível pra ela e, no fundo, pra mim. Até hoje, quando surge esse assunto, logo a conversa muda de rumo. Eu me sinto estimulado em levar adiante o debate, em outros espaços, porque entendo que o racismo ficou debaixo do tapete tempo demais, mas é importante respeitar o tempo e as cicatrizes do *outro*.

Coincidência ou não, tia Laura é amiga, de longa data, de três irmãs negras e ativistas: Amarilis, Ana e Mazzarello, naturais de Ponte Nova, interior de Minas, mas moram em Belo Horizonte há muitos anos - a primeira, infelizmente, já falecida. Minha tia foi vizinha da família e colega de trabalho da Mazzarello, idealizadora da Mazza edições, especializada em literatura negra. Para quem conhece, dispensa apresentações o envolvimento visceral da Mazza com as questões raciais, desde sempre. Quem ainda não teve esse prazer, deixo registrado que ela foi uma das pioneiras em jogar luz, divulgar, valorizar a produção literária de mulheres e homens negros, sobretudo, brasileiros. Mazza é ativista ferrenha da causa antirracista, muito antes do termo se popularizar. Acredito que a não adesão da minha tia Laura à causa, apesar da amizade estreita com as irmãs - todas três ativistas -, passe pelos traumas não superados.

Não tenho lembranças da minha mãe, irmã da tia Laura, relatar casos de racismo. Mas tenho uma [quase] certeza: ela focou tempo e energia no que a ela importava de fato, não desconsiderando a gravidade e seriedade do tema. D. Terezinha sempre teve espírito de abstrair tudo que a incomodava e mover-se em direção ao que estivesse ao alcance das mãos, questões que ela pudesse resolver logo ou fossem urgências: cuidar da casa, dos filhos, correr para o trabalho, ir à Igreja, dedicar um tempo do dia às orações, na sala de casa, recolher o dízimo no bairro, visitar os doentes em casa ou no hospital, fazer novena na vizinhança, dormir e comer. Ela sempre disse que não tinha tempo livre para "certas coisas". Como eu entendo, respeito e admiro sua receita de vida - não era egoísmo, esse defeito ela nunca teve. O brilho no olhar, a alto astral e a sabedoria eram contagiantes. Tenho certeza que ela sempre soube o que era, viu e percebeu ao seu redor gestos de racismos, mas não se deixou engolir por eles, muito menos que as endurecesse, tirasse seu amor pela vida, seu prazer em interagir com as pessoas, inclusive estranhos na fila do supermercado, na farmácia, no sacolão, na rua, nas viagens.

Esse *dar de ombros para os racistas*, me faz lembrar o poeta, performer, multiartista mineiro, Ricardo Aleixo. Certa vez, em uma breve conversa na porta do Teatro Espanca, em Belo Horizonte, enquanto aguardávamos o início da peça *Tropeço*, de outros dois multiartistas mineiros, Anderson Feliciano e Soraya Martins, eu disse ao Ricardo: que situação triste estamos vivendo. Não sei mais o que pensar desse racismo desvelado, cada dia mais cruel. Ao que o mestre me responde: "Cláudio, racismo é criação dos brancos, eles que resolvam". Tenho dormido com essa, desde então. D. Terezinha e Ricardo Aleixo, saberes que se cruzam.

A afirmação de Aleixo, reverbera na obra de Sílvio de Almeida e remonta ao pensamento de Achille Mbembe (2014), quando este diz que a questão da raça está ligada à história do capitalismo. "O motor primeiro do capitalismo é o duplo instinto, por um lado da violação ilimitada de todas as formas de interdito, e por outro, da abolição de qualquer distinção entre os meios e os fins". Mbembe destaca que o capitalismo precisou sempre de *subsídios raciais* para explorar recursos do Planeta. (MBEMBE, 2014, p. 150). Infelizmente, o capitalismo é animal voraz e branco, fazendo milhares de vítimas ao longo da história que exige esforços constantes e atualização das estratégias de combate. Fácil não é. Quem disse que seria? Resistir, (re)existir é preciso.

Retomando o meu passado sem lembranças de racismos, creio que tenha influência do olhar da minha mãe e sua forma de relacionar-se com o olhar do outro e da sociedade. Inconscientemente, ela não se fez refém do que Lima Barreto nomeou: *identidade atribuída aos negros*. O autor defendia que a identidade que se criou do negro, bem como a forma como este se enxerga frente a outros grupos sociais, é uma construção cultural que atende aos interesses de uma elite branca detentora do poder de formação de opinião, como também aparelhada de instrumentos capazes de criar estereótipos humanos.

Barreto, crítico da sociedade burguesa dos séculos XIX e XX, e observador desse *Brasil Negro*, construía seus personagens na teia das relações sociais. Os personagens criados por Lima Barreto têm um olhar do negro pelo negro, de dentro para fora, como elemento de formação de identidade nacional. Sua obra nos ajuda a entender a formação do tecido social brasileiro. Em "Diário íntimo", publicado postumamente, em 1953, nos vemos diante da seguinte questão: qual imagem o negro tem de si? Aqui, o conceito de *autoidentidade* ajudando a desconstruir a *identidade atribuída*, o olhar colonizado para a própria identidade. D. Terezinha, sem saber, sabia!

Recordo meu ingresso no curso de Comunicação Social da PUC Minas. Eu tive um choque, no melhor sentido. Saí de uma Faculdade, conforme descrito anteriormente, totalmente branca e elitizada, e descobri uma Universidade que se aproximava mais do que é o Brasil – negros, brancos, pobres e "ricos" espalhados pelos corredores, salas de aula, laboratórios e eventos acadêmicos. O fato de estudar à noite contribuía para esse cenário: no noturno predominam estudantes que também trabalham, inclusive para pagar o curso. E quem, normalmente, mais enfrenta esta situação? Negros. Não somente, mas em sua maioria.

Meu olhar era de dupla satisfação: entrei para o curso que, de fato, eu me identificava e encontrei meus pares. Ironia ou chame lá do que for, fiz amizade, logo no início, com duas pessoas brancas - Eduardo e Leila. Sem pensar, sentei ao lado deles, eles puxaram papo comigo e entramos em sintonia. Vieram as caronas, os trabalhos acadêmicos, as festinhas, viagens, "butecoterapias", e a afinidade só aumentava. Resumo da ópera: sou padrinho de casamento do Eduardo. Sua esposa, Janine, virou grande amiga também. Ela tem origem negra, do lado paterno, embora seu biótipo e da família de primeiro grau seja pele clara e cabelo liso. O Eduardo tem ascendência italiana.

O tempo de PUC só me traz boas recordações e muito aprendizado. A energia do Campus e as vivências ali nunca me confrontaram com racismos. Não que eu me lembre. Ao mesmo tempo, não me recordo de discussões, debates sobre o tema e muito menos autoras e autores negros na bibliografia das disciplinas. Hoje, percebo o quão grave era e prefiro acreditar que tenha mudado.

Diga-se de passagem, meu primeiro contato oficial com o vídeo, digo, estar diante das câmeras, foi nesse período. Cursávamos uma disciplina em que o trabalho final era produzir um filme institucional da PUC. Fui selecionado para ser um dos apresentadores. Experiência desafiadora, mas não menos gratificante. No decorrer da produção, me dei conta que, dentre os alunos e alunas apresentadores, eu era o único negro – motivo de orgulho por um lado, estranheza por outro, visto que a turma tinha vários negros. Mas não posso ser injusto e deixar de registrar que não sei se outros negros da sala mostraram interesse pelo trabalho em questão.

No mesmo período em que estudei na PUC, trabalhei em uma empresa de crédito financeiro. Sem o menor exagero ou visão romântica: éramos uma família. Sempre achei utópico, duvidava de quem afirmava isso, até me ingressar na financeira. Foram seis anos em que passar tanto tempo do dia no trabalho era mais prazer que desgaste. Amizades, namoros e casamentos saíram dali. Finais de semana e viradas de ano com aquele grupo foram inúmeros. Era um tempo em que as piadas racistas não pareciam causar grande incômodo nas pessoas negras da empresa, ou talvez não fossem lidas criticamente. No campo das promoções para funcionários negros, não existia uma política específica e não me lembro de gerentes e diretores(as) negros. Novamente os sintomas do racismo estrutural nas instituições.

De acordo com Sílvio de Almeida, o conceito de racismo institucional foi um enorme avanço no que se refere ao estudo das relações raciais "ao demonstrar que este transcende o âmbito da ação individual e pela dimensão do poder como elemento constitutivo das relações raciais, sobretudo de um grupo sobre outro, respaldados pelo aparato institucional". (ALMEIDA, 2021. p. 46, 47). O que nos coloca diante dos atravessamentos do racismo: políticos, históricos, econômicos e jurídicos, de modo a compreender como ele funciona na vida cotidiana. Mas vamos deixar essa análise para um outro livro e retomar a questão institucional que reflete tais atravessamentos.

A maioria branca à frente dos departamentos e empresas – públicas e privadas –, exercendo cargos de liderança, sendo destaque nas mídias seja assinando a editoria de um grande jornal ou revista, assinando campanhas publicitárias de repercussão nacional ou internacional, ancorando jornais ou programas de grande audiência das emissoras de TV e rádio, no papel de entrevistados ou palestrantes em importantes debates e eventos – para citar apenas alguns exemplos - endossa o conceito trazido por Sílvio de Almeida. Vale destacar que, nos últimos tempos, estamos assistindo o aceno ou atenção das empresas para a questão, ao reconhecer o potencial de seus/suas profissionais negros(as). Mas como o próprio Sílvio diz: "ainda que essencial, a mera presença de pessoas negras e outras minorias em espaços de poder e decisão não significa que a instituição deixará de atuar de forma racista". E vale lembrar: ser *negro único* no papel de destaque ou a ter uma boa oportunidade em qualquer instituição não é bom sinal, camufla o preconceito, vulnerabiliza o sujeito, e não resolve o problema.

O conceito do racismo institucional dialoga com o pensamento de Achille Mbembe (2014) em: *Sair da Grande Noite - ensaios sobre a África Descolonizada*. Mbembe diz que "é necessário resistir à cumplicidade por encantamento e saber para onde se encaminha o nosso canto, e qual é a sua filiação no destino da grande noite do mundo" (Mbembe, 2014, p. 31). "Grande noite" é uma expressão de Frantz Fanon alusiva aos primórdios da colonização. O autor parte desta expressão para uma convocação a nos libertarmos dos efeitos nocivos desta longeva noite, sobretudo, a coisificação do outro, do negro.

Colonização tira a identidade de qualquer povo, é a mãe do pensamento colonizado. No caso do Brasil, desde 1500, as identidades indígenas e africanas vêm sofrendo sucessivos apagamentos, gerando o que discutimos neste livro: *racismo estrutural*. Aqui reside a dificuldade ao combate do que continuamos a sofrer em pleno século XXI. Estamos lidando com uma erva daninha de raízes profundas, espalhadas debaixo da terra, infiltradas nas paredes, habitando os cantos das casas e das instituições, entranhadas nas mentes, ditando comportamentos, acompanhando pessoas do nascimento à morte, pior, causando muitas mortes – morte física e morte simbólica.

Dizem que as crianças aprendem mais pelo exemplo, pelo que veem. E o que elas, crianças brancas, têm visto há 500 anos? Adultos perpetuando gestos, palavras e ações racistas em casa, na rua, no trabalho, na escola, nos ambientes de lazer. Uma piada aqui, um apelido ali como algo corriqueiro. Os negros ocupando posições inferiores, subalternizados. A babá e a cozinheira, na maior parte das vezes, são negras, ou seja, figuras que servem à elas, crianças brancas, aos pais, tios e avós. Na escola ou no trabalho dos adultos, pessoas negras na mesma posição servil e, em caso contrário, soa como exótico, cota ou caridade, nunca conquista. Voltando às piadas, quando estas são contestadas, a desculpa está pronta: mas é "só" uma piada; não se comporte como vítima; não seja dramático(a), etc. Ou seja, racismo naturalizado, banalizado.

Lembram quando disse que as escolas onde estudei, mesmo sendo públicas, a maioria dos alunos eram pessoas brancas, classe média e alta? Se a população é formada por maioria negra, onde estavam os meus pares? Muitos fora da escola, outros em alguma escola considerada ruim, fraca, distante, sucateada [atualmente, falar em escola pública sucateada é pleonasmo, infelizmente]. Professoras, funcionárias da secretaria, supervisora e diretora: todas brancas.

Acabo de me recordar dos comentários feitos por meus irmãos e pessoas contemporâneas deles, visto que estudaram na mesma escola: a diretora anterior à minha época era escancaradamente racista, mal educada, agressiva e, claro, usava palmatória. Graças à Deus, não vivenciei isto. Mas lembro do olhar [de novo "o olhar do outro" denunciando o que há por dentro] de um supervisora: carregava muitos preconceitos e uma grande frieza ainda que, irônica ou equivocadamente, trabalhasse com educação de crianças e adolescentes, em uma escola pública. Mas ela não me causou traumas ou transtornos.

No ensino médio, uma professora de inglês destilava todos os seus recalques na turma inteira. Como é de se prever, descontava mais naqueles poucos pobres da turma. Sim, bastava ser pobre, ela vinha de família rica, elite da cidade. Novamente, ou eu não me dei conta ou foi mais uma pessoa que passou pela minha vida sem gerar problemas, diretamente. Por sorte, ela tinha domínio do conteúdo e sabia passar a matéria.

Voltando à fase adulta e ao mercado de trabalho...

Em 2007, no sétimo período da graduação, passei no processo seletivo para estagiar na Rede Minas de Televisão, onde sou servidor público concursado, desde 2014. Finalmente, comecei a trabalhar no local que sempre sonhei ao passar em frente todas as vezes que ia para a minha cidade natal, São João del Rei. Acho que todo mundo já disse, em algum momento da vida, ao se deparar com determinada instituição: "um dia vou trabalhar ou estudar aqui". Dito e feito. Nunca, em nenhum instante, me arrependi. No tempo dessa escrita, conto 14 anos de empresa, muitas descobertas, trocas, tropeços, acertos, recomeços.

O ambiente da TV é completamente diferente da empresa anterior. Rapidamente, o olhar romântico cedeu lugar ao olhar crítico. Me deparei com discussões intermináveis sobre milhares de assuntos que poderiam gerar ou não uma pauta, e pautas que me levavam a caminhos impensados. O bate papo na redação era *acalorado* até se chegar ao recorte final dos temas da semana. Ali me deparei com pautas raciais, começou meu contato com homens e mulheres negras ativistas, coletivos, acadêmicos, músicos e artistas em geral, livros e outros materiais que abriram minha mente, alargaram meus horizontes para a questão. Mas o RH, as gerências, diretorias e âncoras dos jornais e programas não fugiam ao padrão do racismo estrutural, eram dominadas pelos brancos.

O lugar que eu ocupei até 2016, bastidor, sempre foi confortável pra mim – apurar, produzir programas, gravar sonoras, editar textos, fechar pautas. Mais tarde, descobri que esse "meu lugar" - bastidor - era o lugar "adequado pra mim", na cabeça de alguns colegas brancos, imaginavam que "dali eu não sairia", afinal, alguém sem sobrenome famoso e "negro" .... Quando eu criei um programa, no qual seria apresentador e diretor, ou seja, abandonaria o lugar "a mim reservado", conforme o pacto narcísico da branquitude", o racismo se revelou, não claramente, nas sombras.

Como eu percebi? Confesso que demorou porque, voltando ao início do texto, não fui educado para vê-lo, senti-lo, ouvi-lo, logo, não o identificaria facilmente, ainda que estivesse debaixo dos meus olhos. Por outro lado, as relações interpessoais por onde passei sempre foram amistosas. Ao idealizar um novo projeto, no caso, um programa de literatura, as máscaras foram caindo. Estar em um lugar de intelectualidade e diante das câmeras, soou afrontoso para alguns.

Os questionamentos sobre condições técnicas e recursos humanos para a execução seriam legítimos não fosse o que estava por trás de tais questionamentos: um corpo negro ocupando o espaço até então ocupado por brancos, eu seria "a cara" do programa. Para aumentar o incômodo [deles] o foco não era em entrevistados ricos, brancos e famosos, mas em cidadãos comuns, de áreas distintas, muitos deles periféricos e negros. Eu pensei, estrategicamente, no papel de uma emissora pública educativa e na apropriação do espaço público em duas vertentes: a programação ocupada, tendo como entrevistados, pessoas comuns, anônimas; e os espaços públicos da cidade ocupados pela emissora, no papel de cenário das gravações: ruas, praças e parques da região central, dos bairros de BH e cidades vizinhas.

Em meio aos desafios e olhares tortos, a minha capacidade intelectual colocada em xeque, tinham um prato cheio: não sou especialista em literatura, apenas um leitor apaixonado. Mas o objetivo do projeto era justamente dessacralizar a literatura, conversar de igual para igual com os entrevistados, sem julgamentos, com linguagem acessível à pessoas de escolaridade e faixa etária diversas, classe média e baixa, público predominante da Rede Minas, ou seja, o programa pretendia ser inclusivo. A proposta foi aprovada, gravamos três pilotos que viraram programas e, finalmente, em 03 de dezembro de 2017, estreou a primeira temporada do *Conversações*.

Desde então, o contato com os personagens-leitores e suas histórias têm sido a minha grande escola, o que me move. Todo mundo tem algo a dizer, os livros, muitas vezes, senão todas, funcionam como gatilho ou projeção. No fundo, as conversas, ou melhor, as falas das minhas interlocutoras e interlocutores, tendo como ponto de partida a obra x ou y, são escritas de vida, ou como diria Conceição Evaristo, *escrevivências*.

Por sinal, a entrega, consciente ou inconscientemente, a uma obra literária ou qualquer forma de arte me remete à expressão de Roland Barthes: *punctum*. O *punctum* de uma fotografia, segundo Barthes, seria o acaso que nela me fere, uma mutação viva do meu interesse. Nesse exato momento, a foto deixa de ser uma qualquer e provoca em mim um pequeno estremecimento, *devir-arte*, afetação mútua, transcendência. A entrega ao livro é exatamente isso e os diálogos acerca deles, antes de envolver o público, me envolve, ou como diria o pesquisador espanhol Jorge Larrosa Bondía, em *Notas sobre a experiência e saber de experiência*[83]: "me tomba".

Dito isto, acredito ter ficado explícita a minha paixão pelo que faço, pelo programa/projeto *Conversações*, ao que eu acrescentei o slogan *literatura em movimento* por agregar a ideia dos livros como algo dinâmico - a cada leitor e leitura novos universos se apresentam -, e pela proposta das gravações em espaços públicos abertos, com deslocamen-

---

83 Conferência proferida no I Seminário Internacional de Educação de Campinas, traduzida e publicada, em julho de 2001, por Leituras SME; Textos-subsídios ao trabalho pedagógico das unidades da Rede Municipal de Educação de Campinas/FUMEC

tos durante o bate papo permitindo ao público conhecer um pouco daquele cenário que integra a narrativa ou embala a conversa.

Mas, a cada temporada, as dificuldades foram se avolumando. Seria compreensível visto apenas pelo lado técnico e escassez de recursos humanos. Infelizmente, estas questões sempre tiveram um outro contorno, conforme dito anteriormente: o incômodo de alguns em me ver à frente das câmeras, ocupando um lugar de destaque e de intelectualidade. Continuei insistindo em não encarar o fato para que não podasse minha entrega. Em certa medida, funciona.

Voltando ao título do texto, *eu nunca senti na pele até...* perceber, no ano de 2019, a hostilidade com que era tratado nas reuniões semanais dos programas, sobretudo, por uma diretora. Havia um olhar de desconfiança e ironia, as atenções tinham endereço certo, o tom era sempre elogioso para programa e apresentador(a) A e B. Quando chegava a vez dos meus comentários a impaciência e descaso eram evidentes, ainda que, naquele ano, o programa tenha participado da 4ª edição do Prêmio IPL – Retratos da Leitura – e ficado entre os dez melhores, na categoria mídia. Um concurso nacional, que tem por objetivos valorizar, qualificar, mapear e difundir ações exitosas de fomento à leitura e de difusão e acesso ao livro. A cada encontro, ficava evidente que as coisas não seriam fáceis para a continuidade do programa e o motivo era inequívoco: a linha editorial focada em entrevistados anônimos, gente simples, periférica, autores e autoras fora da grande mídia, e como cereja do bolo, um apresentador negro.

Em tudo que faço, procuro agir com a dita *inteligência emocional*, evito que as emoções me dominem, claro, nem sempre consigo mas, na maioria das vezes, sim. Não poderia ser diferente para lidar com o desafio que se apresentava. Durante um bom tempo funcionou, até maio de 2020, no dia em que apresentei a proposta de uma nova temporada – depois de longa curadoria de autores e recortes. Ao final da minha explanação, ouço, em tom irônico: foi você quem teve essas ideias? Mais uma vez, a minha capacidade intelectual, de diretor e produtor do programa era colocada em xeque. Respondi, serenamente, que sim e não rendi a conversa, apesar do incômodo gigante com a fala. Em outra reunião, recebo o seguinte pedido: "providencie a chamada da nova temporada, **mas você nem precisa aparecer**, coloque somente os entrevistados e cenas genéricas". Engoli mais aquela afronta, só não fiz o que ela pediu – nesta e nas chamadas semanais dos 13 episódios eu estava, nada mais natural na condição de apresentador do programa.

No final de 2020, um novo capítulo. Enquanto o programa reprisava, em vez de acertarmos a temporada seguinte, de 2021, fui designado para produção de um outro programa. Até aí, tudo bem dar um suporte a quem precisava naquele momento, trabalho coletivo como sempre fiz.

Na primeira reunião de 2021 que, em tese, seria para discutir a nova temporada do *Conversações*, isso não aconteceu. Me pediram para seguir na mesma produção que eu estava desde novembro do ano anterior, ainda que eu tivesse tempo para duas produções paralelas. Indaguei o motivo de não poder fazer isto, as respostas foram vagas, do tipo: depois a gente conversa sobre isso. Durante a conversa, eu percebi algo estranho no ar. Dito e feito, a produção do *Conversações* ficou na geladeira [como se diz no meio], de fevereiro à agosto, até a chegada do novo diretor, a anterior foi exonerada.

No dia 02 de agosto de 2021, em reunião presencial com o gestor que assumia, entendi o contexto da "geladeira" ao qual o programa foi submetido: não havia interesse em manter o programa na grade. As explicações se restringiram a: precisamos de você em outro programa [não na condição de apresentador porque eu estava sendo colocado "de volta" nos bastidores]; o outro faz parte das prioridades da direção, nesse momento; vamos tirar as reprises do ar e estrear uma nova grade; queremos abranger um público maior [nunca foi dito qual a base e os critérios dessa afirmação], não temos previsão de retorno do programa que você apresenta [produz e dirige].

Tirar as reprises do ar, faz todo sentido porque é obrigação da emissora levar ao público novidades. Os questionamentos [sem respostas claras] são: por que o primeiro a ser retirado [e único, até o momento desta escrita] foi o *Conversações*? Por que não foi permitida a produção da temporada anual, 2021, visto que não se trata de assunto esgotado – literatura –, eu já havia apresentado duas propostas e nunca demonstrei interesse em abandonar o projeto?

A mim não foi dada outra escolha: aceitar a mudança de programa e voltar ao bastidor ou sair da TV, o que significa ser devolvido ao órgão de origem dos concursados, a Secretaria de Estado da Cultura, por sinal, do outro lado da cidade, completamente distante de onde moro.

Aceitei, guiado pela racionalidade. Mas o gesto de aparente apagamento do programa [contraditório para uma emissora pública educativa] e o que ele representa – *espaço para leitores comuns e para a produção literária independente, lugar de representatividade das minorias ou maiorias minorizadas* - reforçou o racismo estrutural da instituição, ainda que o discurso seja contrário.

A situação acabou gerando um estranhamento externo também, quando eu precisei responder *e-mails* e mensagens pendentes informando que em 2021 não haveria uma nova temporada, eu não tinha previsão de retomada e, a partir de então, estaria em outro programa. Alguns livreiros, editoras, escritores, coletivos - público da emissora – de forma solidária, se mobilizaram, solicitaram à direção que fosse retomada a produção da nova temporada e se mantivesse o programa na grade dado o seu papel educativo e inclusivo. As primeiras respostas, ainda que não conclusivas - escrevo esse texto poucos dias depois dos acontecimentos - foram positivas.

Seguramente, esta história terá novos desdobramentos, espero que favoráveis à causa. A única certeza é que *eu nunca tinha sentido na pele o racismo, até...* o ocorrido. Levei uns dias para digerir e evitar julgamentos precipitados. Depois de refletir, conversar com a minha família e amigos, era impossível "desver" o contorno racista daquela decisão. Foi então que a escrita deste relato fez sentido, me ajudou a elaborar a situação e lembrar para não esquecer: a vigília e a luta contra o racismo estrutural são diárias, não podemos esmorecer, trata-se de algo extremamente nocivo ao avanço das sociedades, sobretudo, as colonizadas. Sigamos na resistência e na solidariedade, essa teia potente de afetos e o que nos resta em tempos das incertezas, salva vidas, mata a fome, levanta junto e mantém de pé o barraco, aquece a alma, não solta a mão, traz alento.

Encerro com o autor que abre essa breve história:

> *Para construir este mundo que é o nosso, será necessário restituir àqueles e àquelas que passaram por processos de abstração e de coisificação na história, a parte humanidade que lhes foi roubada. Nesta perspectiva, o conceito de reparação, para além de ser uma categoria econômica, remete para o processo de reunião de partes que foram amputadas, para a reparação de laços que foram quebrados, reinstaurando o jogo da reciprocidade, sem o qual não se pode atingir a humanidade.*
> **Achille Mbembe, em "*A crítica da razão negra*"**

UMA CABELEREIRA TRANCISTA E CAPOERISTA

Samanta Kelly[84]

Sou Samanta kelly, mãe de Kyara e Kauã, moradora do bairro Serra, região centro sul de Belo Horizonte, da periferia de BH, atualmente trabalho como professora de capoeira e cabeleireira trancista por mais de 20 anos, através das tranças, faço o resgate da identidade e a autoestima da população negra.

O trabalho como cabeleireira traz um grande reconhecimento pessoal e profissional, pois o mesmo me faz sentir realizada e percebo que a cada penteado as pessoas saem de meu pequeno salão realizadas. O quanto é significativo o resgaste da cultura afro para cada um deles!

Através da minha vivência, procurei estudar mais a respeito da ancestralidade buscando ferramentas para enriquecer o empoderamento através dos penteados que valorizam os cabelos afrodescendente.

Quando criança minha rotina com o visual era idêntica à de muitas pessoas negros do país. O padrão de cabelo liso, o padrão europeu, relaxamento capilar, escovar, amarrar e esconder ao máximo os fios que insistiram em ficar rebeldes era super normal, perante a sociedade discriminadora, acabávamos nos inferiorizando em busca da padronização colonizada.

Sigo em busca por mais valorização afrodescendente que necessita de mais atenção e respeito.

---

84 Professora de capoeira e cabeleireira especializada em tranças, em BH- @samantatrancas @samantinha_black

DO QUE TEMOS MEDO?

Macaé Evaristo[85]

Vou compartilhar aqui uma reflexão e fazer algumas provocações. Sou professora dos anos iniciais do ensino fundamental, fui regente de classe por mais de 20 anos, e depois eu iniciei-me na gestão. Eu fui diretora de escola, secretária de Educação do município de Belo Horizonte, secretária nacional da Secretaria de Educação Continuada, Alfabetização, Diversidade e Inclusão do MEC e secretária de Educação do Estado de Minas Gerais.

E pergunto: O que tem de característico nesses lugares da gestão por onde passei como gestora? É que em todos esses lugares, eu fui a primeira mulher negra a ocupar os cargos. Uma mulher negra nestes lugares provoca, imediatamente, um grande estranhamento.

Nós, mulheres negras, somos 27% da população brasileira. Por que será então que somos tão poucas nestes espaços de poder? Que engrenagem é essa que move o nosso país e que nos exclui destes lugares, assim como nos exclui do acesso a uma série de

---

[85] Graduada em Serviço Social pela Pontifícia Universidade Católica de Minas Gerais (1990). Mestrado em Educação pela Faculdade de Educação - FAE/ Universidade Federal de Minas Gerais (2006). Professora da Rede Municipal de Educação de Belo Horizonte desde 1984, onde atuou na coordenação e direção de escola pública. Atuou como Gerente de Coordenação da Política Pedagógica, Secretária Adjunta e Secretária Municipal de Educação, no período de 2004 a 2012. Foi professora do Curso de Magistério Intercultural Indígena e coordenou o Programa de Implantação de Escolas Indígenas de Minas Gerais no período de 1997 a 2003. Atuou como Secretária de Alfabetização, Diversidade e Inclusão do Ministério da Educação (2013-2014). Foi Secretária de Estado de Educação de Minas Gerais no período de 2015 a 2018. Atua principalmente nos seguintes temas: política educacional, movimentos sociais, inclusão e pluralidade cultural.

políticas públicas, como as de inserção ao trabalho, de moradia, de acesso ao direito à Educação?

Essas questões sempre povoaram a minha mente porque enfrentamos essa situação em diferentes momentos da vida. Pensar sobre isso é importante. Pensar o porquê vivemos essa situação é também indagar que democracia é essa que nós vivemos? Que República é essa em que nós vivemos? É a República brasileira que, muitas vezes, transforma em estrangeiros nós mesmos?

De repente, olhamos para o nosso país e questionamos: O que acontece? Por que eu vivo neste lugar ou, melhor dizendo, por que sempre tentam me colocar nesse não-lugar? Eu quero pensar um pouco do ponto de vista histórico, retomar a história do Brasil. Após a abolição da escravatura, a República brasileira não foi pensada para o conjunto da população. Mulheres, pessoas negras, pessoas pobres e a população indígena não foram pensadas na constituição da República, pelo contrário.

Os eugenistas brasileiros, no final do século XIX, imaginavam que em três décadas não haveria mais nenhuma pessoa negra no Brasil. Isso porque eles já imaginavam que as populações indígenas estariam completamente dizimadas. Mas nós insistimos! Nós estamos aqui, permanecemos aqui até hoje.

Precisamos nos perguntar: Onde que se esconde o preconceito? Onde que se esconde a nossa desconfiança em relação ao outro? Como produzir uma democracia quando não nos entendemos como sujeitos de direitos? Essa é uma boa conversa, uma boa provocação.

Cada um tem que olhar para dentro de si, tem que olhar para as estruturas em que está imerso, para suas comunidades. E pensar: Como produzimos esse lugar do outro como aquele que é o do inimigo, como aquele lugar da monstruosidade? Temos que pensar:

Quem é que não cabe?

Quando falamos "todos têm direito à Educação". Mas quem é que cabe neste "todos"? Será que estamos pensando nas crianças com deficiência, com transtornos globais de desenvolvimento, altas habilidades/superdotação? Será que estamos pensando na população LGBTQIA+? Quando eu falo "todos têm direito à educação, têm direito de aprender, a ensinar, têm direito à pesquisa, será mesmo que estamos falando das mulheres, das trabalhadoras rurais, das mulheres indígenas, das comunidades quilombolas? Enfim, precisamos nos indagar sobre isso. De quem a gente tem medo? Como que esse medo do outro foi produzido na nossa sociedade? E quem é que cabe no meu "todos"?

Eu aposto na democracia. A democracia produz esse lugar da convivência democrática.

Mas não essa democracia formal, restrita ao direito de votar e ser votado, mas uma democracia encarnada na pluralidade da sociedade brasileira

SUSPIROS

Tábata Poline[86]

ESPELHO, ESPELHO MEU?

Pote de creme, daqueles mais baratos mesmo, nunca pode sair da mochila de uma adolescente. Já me esqueci do documento de identidade, mas dele nunca. Principalmente em dias de eventos na escola, na igreja, nos pagodes clandestinos. Afinal, cabelo bonito é cabelo domado, definido e baixo. Quanto mais grudado na cabeça melhor. Enquanto os amigos brincavam, o louvor acontecia, as bandas tocavam, o banheiro era meu refúgio preferido. Nele eu conseguia - ou ao menos tentava - ficar aceitável pra ser vista por alguém. Ou será me esconder?

Perdi as festas, os cultos, os pagodes...

Banheiros pequenos...

Reflexos embaçados...

- "Espelho, espelho meu. Me diga se tem alguém mais belo do que eu"...

- "Todos. Todos que são alvos como a neve".

---

[86] *Jornalista de TV mineira, uma das idealizadoras do programa Rolê nas Gerais. Concorreu, em 2020, ao Prêmio Jornalístico Vladimir Herzog de Anistia e Direitos Humanos, que figura entre as mais significativas distinções jornalísticas do país. Ela não chegou a ganhar o prêmio, mas, em sua primeira indicação, já recebeu menção honrosa na categoria produção jornalística em vídeo com a reportagem "As faces do racismo". É integrante do Coletivo Lena dos Santos, formado por jornalistas negras, que surgiu para lutar pela representatividade no meio jornalístico.*

ME DÊ A MÃO?

Encontrar alguém que te olhe como se você fosse única e admirável.

Tipo casal de "Malhação", sabe?!

Daqueles que perdem a virgindade juntos, ao som de um rock nacional, na sala de uma casa de passeio, velas espalhadas pelo chão.

Passear no shopping de mãos dadas nem que seja pra gastar 1,80 numa casquinha do Mac.

Comprar cd's pra ouvir juntos no discman, na pracinha, enquanto espera a moça da barraquinha finalizar o cachorro quente.

Fazer a primeira viagem juntos, sozinhos, livres.

- "Você me ama?"

- "Você se acha demais. Garota igual a você é só pra comer, não é pra andar de mãos dadas na rua e apresentar pra família no almoço de domingo".

QUANTO CUSTA?

Praia!

Quem de nós poderia ir?

A gente ia todo ano. Já dizia o meu pai: "pra quem tá cagado um peido não é nada".

Passagens compradas, sete, dez, quinze dias tomando água de coco e banho de mar.

Naquela semana a empolgação era maior. Afinal, qual adolescente não queria ir pra Porto Seguro?

As filhas da patroa da minha mãe já tinham passado uma semana lá com a turma do terceiro ano pra comemorar a formatura. Elas me mostraram o álbum de fotos num dia qualquer. Aliás, que álbum! Se não fosse por ele eu não teria infernizado meu pai pra conhecer Porto Seguro.

Música, festa, carinhas gatos, passeios de barco, mar sem onda forte, afinal, sou mineira.

Atravessamos de balsa com a bolsa térmica já cheia. Lanche pro dia todo, comida com fartura.

Descemos em Arraial, gente de tudo quanto é tipo. Velho, novo, preto, branco, meninas, meninos, sudestinos, nordestinos, gringos...

- "Ei, quanto custa?". Apontou para a bolsa que eu carregava com aquele sotaque latino abrasileirado.

- "Ah não, moço. Não tô vendendo nada. Isso é lanche da minha família".

- "Não. Quanto custa você?".

LIBERDADE?

Dezoito anos. Até que enfim?

Liberdade pra fazer tudo, até ser presa, como diz o ditado, rsrs. Festas, baladas, primeiro dia na faculdade, carteira de motorista, viagens com a turma, barzinhos, shows, descobertas.

A vida que todo jovem merece viver.

Mas, quem carrega na pele a marca da cor não merece. Afinal, se merecesse estaria vivendo assim, não é mesmo?!

...

Tá tudo bem não ter grana pra participar das festas da faculdade. No fim das contas o que importa mesmo é pagar as contas.

...

Tá tudo bem não ter grana pra comprar uma calcinha sequer, que dirá uma roupa bacana. No fim das contas o que importa mesmo é pagar as contas.

...

Tá tudo bem não ter grana pra dar um bom presente de dia das mães pra aquela nega que te ajuda a pagar a mensalidade da faculdade lavando privada dos outros. No fim das contas o que importa mesmo é pagar as contas.

...

Tá tudo bem enfrentar maratonas diárias sendo dilacerada dia a dia. Sempre foi assim. Pra que tentar ser diferente? No fim das contas o que importa mesmo é pagar as contas.

...

Tá tudo bem...
Tá tudo bem?
Tá...
Tá?

ALGUÉM VIU AQUELA GAROTA?

Seis, sete, oito ou talvez nove anos.

Ela tinha certeza de que iria rodar o mundo, nem que fosse nas costas de um grande pássaro que tava sempre voando ali pelas bandas da vila.

Ela tinha certeza de que seria a mais inteligente da turma, nem que fosse nas provas de português, porque nas contas ela sempre afundou.

Ela tinha certeza de que teria muito dinheiro pra comprar todos os modelos de tênis que a Xuxa lançasse.

Ela tinha certeza de que conseguiria realizar tudo o que sonhasse. "Tudo pode ser, só basta acreditar. Tudo que tiver que ser será" ...

...

Ela começou a trabalhar aos nove, brincando de boneca, dando banho e comida pra filha da vizinha. A roupa da boneca também era ela quem lavava. A da mãe da boneca também, afinal, menina prendada que era, pegava o jeito do serviço rapidinho.

O pássaro quase não voava mais por lá.

O cansaço não a deixava ver nem uma aula completa. Que sono...

O programa da Xuxa saiu do ar.

Qual sonho ela tinha mesmo?

...

Alguém viu aquela garota?

QUEM É ELA?

Preta como a cor da noite.
Eu amo o brilho da escuridão.
Linda como o céu.
Eu amo contar as estrelas.

Suave como o vento.
Eu amo a brisa que invade a madrugada.
Forte como um temporal.
Eu amo tomar banho de chuva.
Misteriosa como o oceano.
Eu amo mergulhar.
Intensa como um furacão.
Eu amo me deixar levar.
...
Ela é fênix preta que renasce da dor.
Ela é força dos ancestrais.
Ela é descoberta.
Ela é riso e choro.
Ela é muitas.
A menina do banheiro, a mocinha apaixonada, a criança sonhadora, a estudante destemida.
...
Quem é ela?
...
Ela sou eu.

A POESIA ARMADA DO COLETIVO NEGRAS AUTORAS

Júlia Tizumba[87]

Inspirada na noção de *Escrevivência* cunhada por Conceição Evaristo, nas noções de Oralitura e Afrografias de Leda Maria Martins, nas reflexões de Danielle Anatólio em sua dissertação *Corpo Negro Feminino: Ressignificação em Performances de Mulheres Negras* e no livro *Você pode substituir Mulheres Negras como objeto de estudo por mulheres negras contando as suas próprias histórias*, da historiadora Giovana Xavier, apresento o trabalho do Coletivo Negras Autoras (grupo do qual faço parte) e nossas vozes em performance, assinando a autoria de nossas obras e vidas, como um exemplo desse deslocamento de mulheres negras do lugar de objeto para sujeitas do discurso. As mãos brancas que escreveram a história oficial do Brasil, como bem nos afirmou a historiadora Beatriz Nascimento, relegaram a mulher negra à margem da margem: lugar de dupla opressão simultânea, invisibilidade, apagamentos, menosvalia, estigmas e estereotipação. Nesse sentido, investigo a performance e a autoria de mulheres negras nas artes da cena como ferramenta de luta, ato político, manifesto poético e possibilidade de auto-inscrição como sujeitas na sociedade, a partir da construção de novas narrativas que, não só pela palavra, mas também pelo corpo, dança, canto e batuque, nos devolve nossas vozes e a oportunidade emancipatória de reescrever nossas próprias histórias.

Hoje, o Coletivo Negras Autoras é formado por quatro artistas – mulheres negras que já possuem uma potente atuação na

[87] Atriz, cantora e instrumentista mineira. @negrasautoras @juliatizumba @tambormineiro

cena teatral e musical de Belo Horizonte, Minas Gerais: Elisa de Sena, Júlia Tizumba, Manu Ranilla e Vi Coelho. O grupo nasce em 2015, idealizado pela ex-integrante Eneida Baraúna, com a estreia de seu primeiro espetáculo: "NEGR.A". Neste momento também integravam o Coletivo Nath Rodrigues e Aline Vila Real. Em 2017, o grupo apresenta o segundo espetáculo: "ERAS", com direção de Grace Passô e preparação vocal de Fabiana Cozza. Em 2018 nasce a Mostra Negras Autoras, espaço em que o Coletivo convida outras artistas negras para apresentarem suas obras autoras. A mostra já teve duas edições e terá a terceira em 2022. Em 2020, lançou seu primeiro disco que traz o registro de parte da trilha sonora de seus dois primeiros trabalhos e o livro "Poesia Armada" que reúne os textos e letras de músicas que compõem a dramaturgia de suas peças e shows.

NEGR.A, o primeiro trabalho do grupo, é um espetáculo cênico musical composto por canções e textos autorais, idealizado, produzido e dirigido pelas integrantes do Coletivo, com uma dramaturgia pautada na palavra, no corpo e na sonoridade, criando um ambiente cênico que descreve o percurso e o posicionamento da mulher negra ativa na sociedade contemporânea em conexão com a ancestralidade. O espetáculo é composto por 13 músicas que são apresentadas em meio a textos e poemas. A mulher negra contemporânea, universitária, solteira, casada, mãe, artista, independente é a personagem principal desse trabalho. Com base nos relatos das autoras, nos relatos de mulheres negras que são referência na história, na busca da identidade e da ancestralidade, esse projeto busca deixar que se expressem as vozes a todas as mulheres, sobretudo às mulheres negras de Minas Gerais. Nas palavras do professor Marcos Antônio Alexandre, neste espetáculo "evoca-se uma *textualidade corpórea*" (ALEXANDRE, 2017, p.91).

> Esta teia de textualidades múltiplas é concretizada em cena no espaço cênico das oralidades e as atrizes reinvidicam por meio de seu canto a reflexão e, como mulheres negras no palco, logram que seus corpos se somem às suas músicas, aos instrumentos e às suas vozes, fazendo com que os seus discursos possam ser acompanhados por outras vozes; assim como seus corpos possam ser acompanhados por outros corpos. É a corporeidade da mulher negra – aspecto inerente ao Teatro Negro – que é trazida para o palco e ressignificada em forma de teatro musical, rito que busca reverberar e transcender os espaços intervalares do palco e dos espaços cênicos por onde o trabalho foi apresentado. (ALEXANDRE, 2017, p.98).

ERAS é a segunda criação do Coletivo Negras Autoras que também trata do universo negro feminino a partir de textos e músicas autorais. Com direção de Grace Passô, preparação vocal de Fabiana Cozza e participação da instrumentista Lauriza Anastácio, as multi-artistas se revezam em cena, entre instrumentos e interpretações, e utilizam suas composições na construção de um espetáculo sobre relações temporais e atemporais entre o universo da mulher negra e o que a rodeia na contemporaneidade. Conectadas aos seus lugares de fala, dizem das que vieram antes, das que virão e das que vivem na atualidade, em histórias que atravessam o tempo, por eras e eras. A palavra sonora e corporal conduziu o destino desta obra que viajou pelo Brasil e recebeu o Prêmio Leda Maria Martins de Artes Cênicas Negras de melhor figurino e melhor iluminação, em 2017. A diretora Grace Passô destaca a característica multifacetada do Coletivo:

> Pluri-artistas, autoras sonantes, entoadoras de memórias, mulherio de mulheridades, afro-mineiras universais, griotes, tamborzeiras do pós mundo, véias de guerra e de paz. O Coletivo Negras Autoras inaugurou mais um espaço impossível no mundo: espaço da invenção preta, espaço que ouve, houve e haverá. Elas sabem que são eras. (PASSÔ, 2020, contracapa *Poesia Armada*).

A arte do Coletivo Negras Autoras se reinventa na performance da *encruzilhada*[88], entre teatro, música, dança, tradições e militância, em simbioses múltiplas que resultam na criação autoral, inédita e singular das artistas. Mas, afinal, o que esses corpos negros femininos têm escrito em cena? Que memórias esses corpos carregam? Que narrativas constroem? Luciana Romagnolli, na Revista Marimbondo, escreveu sobre o Coletivo:

> Elementos da arte africana são trazidos para os corpos, que dançam, cantam e falam os textos. Um modo de ser ao mesmo tempo próprio delas e ancestral, que recupera a ligação dessas ações com funções sociais e rituais, tais como praticadas em diversos países. As autoras falam de amor, luta e de preconceitos que vivem. As questões que afligem as mulheres de modo geral, somam-se às singularidades da vivência da negra que ainda carecem de visibilidade. (ROMAGNOLLI, 2015, p. 78).

---

88 Encruzilhada aqui é operador conceitual, como desenvolvido pela pesquisadora, poeta, professora e rainha de Nossa Senhora das Mercês, Leda Maria Martins.

O trabalho e as narrativas construídas pelo Coletivo Negras Autoras não afastam a arte de sua esfera política, econômica e social, pois não a compreendem em esfera meramente estética ou apenas como forma de entretenimento. Assim como em África, onde a arte em sua concepção já é vinculada à funções sociais e/ou religiosas:

> A expressão "arte por arte" é vazia de sentido nas sociedades tradicionais da África negra. Toda produção artística era antes funcional, isto é, chamada a desempenhar um papel utilitário, exceto a aspiração do artista. Um estatueta que para um europeu satisfaria o gosto por suas formas harmoniosas, um pendentif que lhe serviria para sublinhar uma parte do corpo ... tudo isso era destinado a cumprir uma certa função; por exemplo, proteger o indivíduo contra as forças ocultas, lhe conciliar os favores de um espírito protetor,etc. Sem dúvida, a arte negro-africana como todas as artes não é construída no vazio, pois mergulha sempre suas raízes na vida profunda de suas sociedades. Através de sua arte, um povo projeta toda sua concepção global da existência. (MUNANGA, 2006, p. 3).

Nesse sentido vale sublinhar o fato de que, uma vez que somos um país formado na *encruzilhada* das culturas indígenas, africanas e europeias, para se pensar a arte brasileira, a arte negra brasileira e arte negra feminina brasileira, faz-se importante valer-se de outras visões, reivindicar o olhar para as artes a partir de outras lentes que não só as hegemônicas europeias, mas também a partir da perspectiva artística africana e latino-americana. Um olhar decolonial e/ou contra colonial. Pelo olhar de Grada Kilomba (2019), a memória é instrumento de resistência e escrever é ato de reação: "Enquanto escrevo, eu me torno a narradora e a escritora da minha própria realidade, a autora e a autoridade na minha própria história. Nesse sentido, eu me torno a oposição absoluta do que o projeto colonial predeterminou" (KILOMBA, 2019, p.28).

O livro *Poesia Armada*, lançado em 2020 pelo Coletivo Negras Autoras em parceria com a Editora Nandyala, também nasce nessa perspectiva de vida que é luta em oposição ao projeto colonial. E é nessa esfera que se formam as escritas, a performance e a dramaturgia-negra-feminina das mulheres artistas do Coletivo Negras Autoras: entre as várias linguagens artísticas, as múltiplas influências de seus antepassados negros e suas vivências na contemporaneidade. Entre textos grafados e afrografados em performances, o Coletivo Negras Autoras constrói sua *Poesia Armada* em resistência e (re)existência

Em sua dissertação *CORPO NEGRO FEMININO: RESSIGNIFICAÇÃO EM PERFORMANCES DE MULHERES NEGRAS*, Danielle Anatólio propõe a desconstrução de estereótipos e a ruptura do imaginário social brasileiro colonizado de: "preta pra trabalhar, branca pra casar e mulata pra fornicar[89]", a partir de análise histórica do corpo negro feminino objetificado, desumanizado, hipersexualizado e subalternizado e da intelectualidade e potencialidades artísticas de mulheres negras descredibilizadas.

Seja na vida social ou profissional, continua sendo desafio a necessidade de ressignificação do corpo negro feminino, por isso, cenicamente, venho descobrindo formas de desestigmatizar esse corpo, reconfigurá-lo, mesmo sabendo que a estereotipização ainda é latente na mentalidade social. Por ressignificação, defino a ação performática e política que descoloniza e subverte o sentido histórico imposto ao corpus negro, é a ação de des-camar o corpo negro feminino, libertando-o das camadas estereotipadas produzidas pelo padrão eurocêntrico e pelo contexto de colonização do corpo do negro no Brasil. Ressignificar é a ação de manter um corpus negro vivo e livre, possibilitando ao mesmo um novo sentido, olhar, lugares-espaço-engendramento (ANATÓLIO, 2018, p.22)

Imbuída dessas reflexões, apresento dois textos do Coletivo Negras Autoras (*Templo* de Elisa de Sena e *Nós* de Manu Ranilla) em que podemos verificar denúncias, desconstruções de estereótipos e ressignificação do corpo negro feminino:

TEMPLO - POESIA ARMADA – *ELISA DE SENA*

Mulher preta gira mundo
Latina, americana pisa o velho mundo a trabalho ou não, trabalha
Batalha na abertura de mentes que, mentindo, negam seu valor
Mentes mentirosas que arrancam da mulher o seu sagrado e
Insistem em violentar o seu corpo com olhares que cortam feito espada,
Cortam suas madeixas,
Cortam as curvas do seu corpo, cortam a sua pele,
Escura ou clara, inegavelmente pele de mulher preta.

---

[89] Ditado popular brasileiro

Por vezes violam seu corpo na quebrada de alguma estrada
Num vagão de metrô, num ônibus lotado,
Num aeroporto ou mesmo num beco, numa caminhada vaga...
Mulher preta o é em qualquer lugar, duplamente estigmatizada
Mas, estamos aqui, ali ou lá
Para relembrar que não somos mais escravizadas
Que nosso corpo, preta, nosso crespo, nossa dança, é poesia armada
É pá pá pá quebrando mentes quadradas
É pássaro voando solto continentes
É baobá de raiz forte e aterrada
Corpo de mulher, preta, é templo
Faz tempo que ouço e repito
Levante sua cabeça, firme seu passo
E caminhe se sabendo livre mesmo em um mundo marcado pelo atraso

No texto acima, *Templo – Poesia Armada* de Elisa de Sena, encontramos diversos temas relevantes para a reflexão de problemáticas enfrentadas por mulheres negras em nossa sociedade. Comecemos pelo título: TEMPLO. O título Templo vem reivindicar a sacralidade do corpo negro feminino; o valor do sagrado feminino que muitas vezes é negado ao corpo de mulheres negras e substituído pelo olhar da objetificação e hipersexualização do imaginário colonial, como podemos verificar nos trechos "mentes mentirosas que arrancam da mulher o seu sagrado e insistem em violentar o seu corpo com olhares que cortam feito espada (...) corpo de mulher, preta, é templo". No trecho seguinte: "cortam a sua pele, escura ou clara, inegavelmente pele de mulher preta", a poesia nos coloca diante da questão do colorismo e/ou pigmentocracia também enfrentada pela população negra no Brasil. A miscigenação que aconteceu em nosso país, com o objetivo racista de embraquecimento da nação, fez com que hoje os brasileiros negros tenham diferentes tons de pele. E quanto mais escura é a pele, maior o preconceito enfrentado até os dias atuais. Assim, o frisar dos diferentes tons da pele negra demonstra a importância de ressaltar que mulheres negras claras e mulheres negras escuras sofrem diferentes formas de opressão, ainda que tenham "inegavelmente pele de mulher preta". O texto também nos leva a refletir sobre a liberdade, a mobilidade social e a possibilidade de ocupar diversos espaços, conquistadas por mulheres negras, quando inicia com os dizeres: "mulher preta gira mundo, latina, americana, pisa o velho mundo a trabalho ou não". Esse OU NÃO ressignifica a ideia pré-concebida de que a mulher negra está sempre na condição de servir, sobretudo na Europa (terra dos colonizadores). E afirma a presença das corpas negras em diversos espaços como afronta e desconstrução de paradigmas: "mas estamos aqui, ali ou lá para relembrar que não somos mais escravizadas. Que o nosso corpo, preta, nosso crespo, nossa dança é poesia armada, é pá pá pá quebrando mentes quadradas". A poesia termina com um imperativo que convoca para a poética da resistência e da continuidade: "Faz tempo que ouço e repito: levante sua cabeça, firme seu passo e caminhe se sabendo livre, mesmo em um mundo marcado pelo atraso".

NÓS – *MANU RANILLA*

Eu vou sair de roupa preta
Quer minha pele
Eu vou soltar o meu cabelo
Vou sair de roupa preta
Que é minha pele
Eu vou usar batom vermelho
Me olhar naquele espelho
Entender que meus olhos, luz
Entender que meus olhos, nus
É que eu luto por nós
Quero ouvir sua voz
Eu vou sair de roupa preta
Quer minha pele
Eu vou girar o catavento
Vou fazer um vendaval
Eu sou a faísca de um fogo
Faço a gira de uma chama
Eu baobá de uma terra
Planta que não degenera
Eu sou ladeira sou viela
Sou um beco da favela
Ainda gingo de bamba

Eu vou sair de roupa preta

Quer minha pele
Eu vou soltar o meu cabelo
Eu vou soltar o meu
Eu vou soltar
Eu vou.... Nós

O texto de Manu Ranilla é um perfeito exemplo de um texto forjado nas bases da *escrevivência*[90]. O título da música é NÓS, primeira pessoa do plural, e todos os versos começam com EU, primeira pessoa do singular. É que se trata da *escrevivência*: esse eu individual que também é nós, também é coletivo. São escritas de vivências que dizem da condição da mulher negra na sociedade brasileira e assim apresentam memórias e marcas pessoais e coletivas. Em um primeiro momento a canção nos possibilita a reflexão sobre a existência daquelas que tem a vida condicionada pela cor da pele: "vou sair de roupa preta que é minha pele", significa que é impossível existir sem a subjetividade de ser uma mulher dentro de uma pele negra, ou seja, não há como sair "sem essa roupa" e evitar todo preconceito e discriminação que ela carrega. Aí já está estabelecido o lugar de enunciação desse discurso. A letra também nos apresenta uma afirmação da beleza negra, contrariando os padrões hegemônicos estabelecidos: "eu vou soltar o meu cabelo", esses cabelos crespos e cacheados tidos como feios, inferiores, duros, sujos e tão "domados" ao longo dos séculos, agora estarão soltos. O trecho: "Eu vou usar batom vermelho, me olhar naquele espelho, entender que meus olhos luz" continua essa afirmação da autoestima negra, no sentido libertador de um corpo negro feminino que pode se olhar no espelho, se pintar e se sentir bela. Algo simples, mas que foi negado durante muito tempo à essas corpas: o autocuidado; a autoestima. O texto ainda evoca as forças dos elementos da natureza como fontes de luta nos trechos: "Eu vou girar o cata-vento, vou fazer um vendaval. Eu sou faísca de um fogo faço a gira de uma chama. Eu baobá de uma terra, planta que não degenera". É interessante perceber a recorrente presença dos elementos da natureza, como fonte de força e cura, em muitas poéticas pretas. A música se encerra com o chamado a coletividade com um canto em uníssono entoando a palavra NÓS.

---

90 Noção desenvolvida pela escritora e linguista Conceição Evaristo

E é nessa coletividade *quilombista*[91] que se faz o trabalho do Coletivo Negras Autoras: as potencias individuais se fundem em uma única voz que é diversa e multifacetada. Fazemos a resistência e a ressignificação cultural a partir da filosofia quilombola da união, do grupo, da irmandade. Mais do que pela representatividade ou protagonismo (concedidos por brancos), o Coletivo Negras Autoras nasce do nosso desejo de contarmos e escrevermos nossas próprias histórias. E essa escrita preta, como bem já nos ensinou Leda Maria Martins ao definir Afrografias da Memória, se grafa de variadas formas, além das palavras. Em Negras Autoras, essa narrativa se dá pela "Poesia Armada" em pele, crespos, corpos-vozes, danças, cantos e tambores. Quando o corpo move, canta, toca e/ou dança, rememora e enuncia enredos próprios. Quando a voz se faz emitir, ressoa e ecoa vocalizes e discursos reminiscentes. Quando a corpo-voz-negra-feminina se faz presente na cena do Coletivo, constroem-se dramaturgias gestuais concebidas por mulheres artistas negras que, em diáspora, recuperam seus valores ancestrais em conexão com suas vivências contemporâneas.

REFERÊNCIAS

ALEXANDRE, Marcos Antônio. *O Teatro Negro em perspectiva: Dramaturgia e Cena Negra no Brasil e em Cuba*. Rio de Janeiro: Malê, 2017.

ALEXANDRE, Marcos Antônio. Aspectos dos rituais religiosos no teatro negro brasileiro contemporâneo. Anais do VI Congresso de Pesquisa e Pós-Graduação em Artes Cênicas. São Paulo, 2010. Memória ABRACE.

ANATÓLIO, Danielle. CORPO NEGRO FEMININO: RESSIGNIFICAÇÃO EM PERFORMANCES DE MULHERES NEGRAS. Rio de Janeiro, 2018. UNIRIO.

EVARISTO, Conceição; TENÓRIO, Jeferson. Escrevivência e narrativas de si: resistências da negritude (Live). Disponível em: https://www.youtube.com/watch?v=cJko2yanHus. GONZALEZ, Lélia. Por um Feminismo Afro-latino-Americano. Caderno de Formação Política do Círculo Palmarino n.1 – Batalha de Ideias. 2011.

KILOMBA, Grada. Memórias da Plantação. Rio de Janeiro: Cobogó, 2019. LUGONES, María. Rumo a um feminismo decolonial. Revista Estudos Feminitas, Florianópolis, v.22, n.3, p. 935-952, set.2014

MARTINS, Leda Maria. A cena em sombras. São Paulo: Perspectiva, 1995.

---

91 Conceito desenvolvido pelo intelectual ativista Abdias Nascimento

MARTINS, Leda Maria. Performance do Tempo Espiralar. Performance, exílio, fronteiras: errâncias territoriais e textuais. Belo Horizonte: Departamento de Letras Românticas da Faculdade de Letras/UFMG, 2002.

MARTINS, Leda Maria. Performances da oralitura: corpo, lugar da memória. Revista Letras n. 26. Universidade Federal de Santa Maria, 2003. Disponível em: <http://periodicos.ufsm.br/letras/article/view/11881/7308>. Acesso em 19/01/2021.

MARTINS, Leda Maria. Afrografias da Memória. Belo Horizonte: Perspectiva e Mazza, 1997.

MUNANGA, Kabengele. Dimensão Estética na Arte Negro-Africana Tradicional. MAC USP Virtual. 2006. Disponível em:http://www.macvirtual.usp.br/mac/arquivo/noticia/Kabengele/Kabengele.asp#:~:text=Essa%20tend%C3%AAncia%20sup%C3%B5e%20a%20evid%C3%AAncia,destinadas%20%C3%A0%20pura%20contempla%C3%A7%C3%A3o%20est%C3%A9tica. Acesso em 13/03/2021.

NASCIMENTO, Abdias. Teatro Experimental do Negro: trajetória e reflexões. Estudos Avançados. 2004. *NEGRAS AUTORAS, Coletivo.* Poesia Armada. Belo Horizonte: Nandyala, 2020.

ROMAGNOLLI, Luciana. Feminismos em cena. Revista Marimbondo, edição 03, p.74-87. Belo Horizonte, 2015. *XAVIER, Giovana.* Você pode substituir mulheres negras como objeto de estudo por mulheres negras contando sua própria história. Rio de Janeiro: Malê, 2019.

SENINHA, UMA MENINA DE SINHÁ

Bernardina Sena[92]

Olá meu nome é Bernardina de Sena, tenho 75 anos, residente há 50 e tantos anos no Alto Vera Cruz, na periferia de Belo Horizonte, mulher, negra, idosa, aposentada, mãe, esposa e avó.

E com muito respeito e amor, eu tive a oportunidade de conhecer a Dona Valdete, uma mulher negra também, que na infância sofreu muita discriminação racial. Mas nem por isso ela deixou de se tornar uma líder comunitária, lutar pela comunidade, batalhar por melhorias, como saneamento básico, moradias, centros culturais, a questão da cultura, educação e da saúde. Ela lutou muitos anos e dentro da saúde ela conseguiu formar um grupo de mulheres, do qual eu faço parte. São mulheres depressivas, negras, sofredoras de violência doméstica, de vários tipos de violências, como as drogas, o alcoolismo e as desavenças. Com a falta de estrutura econômica financeira, social mesmo, de saúde e tudo mais na comunidade.

Ela viu essas mulheres na porta do posto de saúde e resolveu ajudá-las a sair da depressão fazendo um trabalho com todas, reunindo. Com isso ficamos 10 anos trabalhando reunidas e agora na inauguração do Centro Cultural do Alto Vera Cruz, nós formamos como Meninas de Sinhá.

Esse trabalho me ajudou muito na minha formação, percepção de como mulher negra da periferia, como superar essas dificuldades, sermos mulheres fortes e resilientes a quaisquer tipos de discriminação racial, de quaisquer lábios que venham.

92 Mineira de Baú, município de Pedra do Anta, aposentada e integrante do grupo Meninas de Sinhá, do Alto Vera Cruz em Belo Horizonte.

Não só a mim, mas a minha mãe, minhas irmãs, todas participavam do grupo, uma veio a falecer. Mas eu permaneço no grupo. A minha irmã ficava só dentro de casa cuidando de família, de filhos e não teve oportunidade de estudos e com esse incentivo do grupo e de Dona Valdete, ela se animou, se reconheceu como mulher nos seus direitos e conseguiu escrever um livro de poesia e que foi publicado com muito louvor.

Então nós estamos aí na luta, somos mulheres periféricas, mas lutamos. Temos vários exemplos, como a Dona Penninha, a mãe da Mazza. A Mazza hoje é uma batalhadora do Movimento Afro, uma Ong. E são várias outras pessoas que também lutam, são guerreiras por esse trabalho em defesa do negro, da educação, da saúde e de todo crescimento e de toda liberdade, apesar da Lei Aurea aí, mas que não funcionou tão bem. Mas estamos lutando e alcançando alguns sucessos, porém com um longo caminho a percorrer para atingir os nossos objetivos, do negro ter fala, ter hora, ter vez, ter lugar na sociedade e ter voz para que possamos conseguir alcançar a liberdade realmente almejada por todos nós.

Quando eu cheguei do interior, ainda criança, a gente sofria vários tipos de racismo, só que a gente não tinha conhecimento e nem percepção dessa humilhação, desse descaso, né? A partir do momento que cheguei em Belo Horizonte e tive outras vivências e convivências na sociedade como um todo é que eu comecei a perceber o racismo e a discriminação.

A minha filha foi procurar emprego e foi dispensada por ser negra, o meu irmão foi empresário no Rio de Janeiro e foi confundido por motorista do sócio. A esposa dele, depois de conseguirem com luta um apartamento de cobertura, foi convidada a pegar o elevador de empregada e vários outros atos de racismo no decorrer de suas vidas.

E até hoje vejo os meus netos, o meu sobrinho, por exemplo, há oito anos mais ou menos, quando a mãe dele estava grávida, ficou preocupado se o irmãozinho dele ia nascer negro, preto como ele. Então fez uma oração pedindo a papai do céu que o irmãozinho dele nascesse branco.

A minha neta, atualmente ganhou uma irmãzinha e criança quando nasce, nasce realmente mais clara, então nasceu mais branquinha. Então ela reclamou: "Oh Vovó eu estou muito feliz com a minha irmãzinha, mas só que ela é branca e eu queria tanto que ela fosse pretinha como eu". Então, assim, como o meu filho, minha nora são Afro descendentes, ensinaram para ela se valorizar como negra, com isso ela quer que a irmãzinha seja como ela é, linda, maravilhosa, com o cabelo crespo e Afro brasileira, honrando a sua cor. Tudo isso é maravilhoso a gente ver que a sociedade está melhorando e o conceito de negro, está sendo mais valorizado e perceber a beleza que é a raça negra, com suas tradições, conhecimentos, culturas, alimentos. Isso é muito importante vermos esse progresso, embora saibamos que ainda estamos longe do almejado, mas chegaremos lá se Deus quiser.

Falando em racismo, nosso Brasil continua sendo um país racista, só que o racismo no Brasil é meio camuflado, disfarçado. As pessoas discriminam em forma de chacota, abusos, deboches e piadas. Então é assim, a gente percebe essa discriminação que é velada e não tão clara para que as pessoas percebam que realmente elas estão sendo discriminadas. E como, faltou oportunidades, mesmo com essas cotas, ainda faltam oportunidades para que os negros se instruam, chegando a uma faculdade, ocupando um lugar que eles merecem por direitos.

Nós negros somos julgados da periferia, tanto é que 90% da população periférica, são negras. Nós herdamos isso dos nossos ancestrais, lá da época da escravidão, uma Lei Áurea, mal formada, mal formulada, mal estruturada, executada, onde os negros não foram preparados, instruídos de forma nenhuma para serem livres. Eles foram libertados, infelizmente a raiz deles ficaram arraigadas ainda lá no passado, não tinham formação para serem livres, e nem foram dadas condições para eles viverem livremente como a lei fala que é, mas infelizmente não é assim.

E nós vivemos dessa forma, lutando e almejando que um dia a gente possa alcançar os lugares, ter voz e vez na sociedade, com empregos dignos, salários honestos de acordo com a profissão. Os negros hoje, na maioria, só alguns que se destacam ocupando lugares na sociedade, chegando ao topo, com muito orgulho disso .A maior parte ainda ocupam cargos inferiores, como pedreiros, faxineiros, garis, não desfazendo, a gente sabe que todo trabalho é honesto e honrado, mas o negro merece ser mais valorizado, mais reconhecido. Por que Infelizmente não vemos a classe mais branca, mais poderosa ocupando esses cargos, nós é que somos os chefes desses cargos aí, onde vemos e percebemos que é uma discriminação racial. Na política a gente se depara com isso, nas grandes empresas, ongs, multinacionais, na sociedade no geral, onde é raro os negros ocuparem cargos de destaque, estão sempre na parte inferior, na faxina, portaria, garagem. Lutamos para que essa dimensão seja mudada e que os negros ocupem os lugares como a sua capacidade de almejar, estudar e alcançar esse trabalhos e executá-los da melhor forma.

Finalizando, gostaria de agradecer pela oportunidade de dar voz e vez, para que a gente possa colocar os nossos sentimentos da percepção que temos dessa situação do negro na sociedade e que as pessoas percebam e mudem esse comportamento no Brasil e no mundo, para que tenhamos voz e vez e que possamos mostrar o nosso potencial. Com esse livro, tenho a certeza de que será ampliado os conhecimentos de muitos em prol de uma luta antirracista e principalmente para aqueles que cometem essas falhas, possam corrigir os seus erros e modo de agir, mudando o seu comportamento para que o nosso Brasil seja um país de fato de igualdade para todos.

PRETINHA, UMA MENINA DE SINHÁ

Maria da Conceição Paulo[93]

"Hoje, temos voz. Quem sofrer preconceito tem que responder à altura".

Sou Maria da Conceição Paulo, aposentada, tenho 76 anos e sou conhecida como Pretinha, no Alto do Vera Cruz, bairro onde moro. Sou integrante do Grupo Meninas de Sinhá, voltado a trabalhos sociais para mulheres de terceira idade, aqui em BH.

Eu perdi aminha mãe muito cedo, tinha de 3 pra 4 anos de idade, com esse acontecimento fui criada por outras pessoas.

Era muito "salvajona", era como antigamente falava quando uma menina era maior do que as outras da sua idade e com o pé grande.

Quem me criou, me chamava de "Marião", eu tinha a maior tristeza desse apelido, apesar de que na época, não ter muito com a discriminação, mas era um apelido feio e que não gostava nem um pouco.

Certa vez, apareceu uma senhora na casa em que morava, logo depois que tinha ganhado uma surra muito grande, mas muito grande mesmo, da minha mãe de criação. Foi uma surra bem gos-

[93] Com uma vida de muita luta, a mãe de três filhos e avó de 14 netos contou que só parou de trabalhar na roça quando veio para Belo Horizonte, aos 12 anos de idade, órfã de pai e de mãe. Ela nasceu na cidade de Conselheiro Lafaiete, na Região Central de Minas Gerais. Pretinha chegou a se formar em enfermagem, mas nunca atuou. Ela se aposentou como empregada doméstica. Trabalhava sozinha para criar os filhos – "o pai deles não gostava da labuta".

tosa, daquelas que você mija na roupa e ainda fica com um pedaço da vara quebrada. Então, essa senhora falou para minha mãe: "Me dá essa Pretinha para mim". Logo esse apelido pegou para mim igual pega arroz com feijão.

Fui criada na casa de família, de um lado pro outro. Nunca tive família. Nunca fui criança. Desde os 5 anos trabalhava na roça, quando eu não conseguia carregar a enxada, eu levava água para os trabalhadores. Aos 7 anos, capinava, carregava troncos, fazia de tudo.

Eu sofri muito quando criança. Era a única negra da família que me criou. Até hoje lembro das "brincadeiras" que faziam comigo. Tenho certeza que eu trabalhava duro, pesado, por causa da minha cor. Eles faziam questão de falar isso.

O negro nasceu de pé no chão e só aprendeu a calçar sapatos muito depois. E por ter aprendido a calçar tênis, antigamente era aquele "berloque" que queimava os pés todo, mas achava que estava bonito e usava. Só que era motivo de risadas de outras pessoas. Hoje não, as pessoas usam sapatos de borracha, plástico e todos acham bonito. Na minha época não era nada bonito e eu não tinha sapatos, tinha o pé muito grande, então os meus sapatos eram feitos com 'enxó', lavava o pau (madeira), pegava um pedaço de correia velha e fazia um tipo de tamanquinho. Eu calçava depois do banho e ia a missa com ele e achava bonito, pois era o meu único sapato.

Hoje eu paro para pensar, os fabricantes da época não faziam sapatos para quem tinha o pé muito grande ou às vezes era quem me criava que não queria comprar, das duas ou uma.

De uma certa forma, o racismo sempre existiu, a discriminação sempre esteve presente, ainda que velada.

Quando nós negros chegamos em alguma repartição, senão estivermos bem vestidos, logo vem os olhares claros, sobre a gente. Mas, nós sabemos nos comportar, tratar bem a todos com educação, fazendo valer o nosso lugar.

Todos que praticam o racismo, quando fazem um exame de consciência, uma busca lá atrás do seu passado, pode saber que na sua família já teve alguém da raça negra, já namorou pessoas negras e já foi cuidada por um negro.

Para aqueles que tem qualquer tipo de preconceito, cuidado com a cama, ela dói na hora que você deita e você não sabe quem vai te cuidar. Então toma cuidado, às vezes será uma pessoa negra que vai te olhar, te dar carinho que não tem e está à espera.

O meu desejo para os preconceituosos, em especial aos que praticam o racismo é que o "Senhor" Cubra todos de bença, mostrando que o sangue é vermelho e do negro também, sem qualquer diferença. Nós somos iguais, não tem jeito e a nossa pele não nos diferencia do amor que temos dentro dos nossos corações.

Todos sabem que quem criava os filhos das Sinhás, eram as negras, amamentando na Casa Grande, enquanto os seus filhos eram vendidos. Os filhos da Sinhá viravam doutô e os filhos dos negros onde andarão?

A todas as pessoas quando pisarem no chão, lembrem-se que da terra nós precisamos

Quando beber a agua,

Saiba que ela mata a nossa sede

Quando entrar no mato

Veja que ele que ostenta a nossa casa

Ou você acha que para fazer uma casa

Você não precisa de uma mão,

E nem precisa de uma madeira?

Então do pó nós viemos, do pó nós voltaremos,

Devemos acabar com todo orgulho e sermos irmãos,

É o que somos!

E que a paz de Deus tome conta de todos!

RACISMO ESTRUTURAL

Cida Cezário[94]

Racismo estrutural
É ódio
Que corrói almas
Sugando muitas
Vidas
É fel
Que diferencia iguais
Impedindo tentativas
De vida
É arma
Que fere corpos
Desprezando a beleza rica
Das vidas
É fogo
Que cega
Destruindo sonhos secretos
Da vida
É ignorância
Que envilece
Matando esperanças ricas
Em vida

---

[94] Dentre outras atividades ligadas ao setor cultural, foi bibliotecária e professora de francês. Em 2018, iniciou seu projeto como escritora. Na oportunidade lançou o livro intitulado "Bairro Presidente Juscelino, 60 anos". Foi militante do Movimento Negro Unificado e permanece atenta às diferentes questões que envolvem a negritude brasileira e internacional. Através da ficção histórica, ela dá voz aos negros que dela foram privados, durante o Brasil escravocrata.

NO FIM

Christian Coelho[95]

"No fim do capitalismo, desejoso de sobreviver, há Hitler". A afirmação é de Aimé Cesaire, o martinicano símbolo da Negritude. O poeta nos lembra que o nazifascismo é a aplicação em território europeu das barbáries praticadas pelo colonialismo. Para Cesaire, cada distinto burguês, muito humanista e muito cristão, traz em si um Hitler. O que chocou não foi o crime em si, contra o homem, mas o crime contra o homem branco e europeu. A visão da violência e da humilhação anteriormente reservadas para os povos de outras partes do mundo. Falando em Hitler, lembremos de sua principal inspiração: o regime de supremacia branca dos Estados Unidos, cujo principal divertimento para as famílias de bem era o espetáculo do linchamento público de pessoas negras. Os corpos torturados, enforcados ou queimados, ainda tinham suas partes, dentes e ossos, distribuídas ou vendidas pra plateia, como lembrança. Em 1924, um jovem indochinês recém-chegado ao país da liberdade, buscando trabalho, assistiu horrorizado a um linchamento. Os civilizados exibiam orgulhosamente uma cabeça negra mutilada e queimada. O jovem denunciou e lutou contra o regime da ku klux klan. Dez anos depois voltou pra casa, liderou uma revolução e venceu três potências imperiais. Ficou conhecido como Ho Chi Minh. Os EUA continuaram com suas árvores e seus "frutos estranhos", silenciados mas renascidos nas vozes de Billie Holiday e Nina Simone.

No Brasil, como nos EUA, carregamos as marcas do extermínio indígena e da escravização de negros africanos e seus descendentes. "A mais terrível de nossas heranças é esta de levar sempre

---

95 Escritor mineiro e professor de Literatura graduado em Letras pela Faculdade de Letras da UFMG.

conosco a cicatriz de torturador impressa na alma e pronta a explodir na brutalidade racista e classista", disse Darcy Ribeiro, apontando a predisposição da elite nacional em torturar e matar negros e pobres. Tortura física e simbólica. Um caso exemplar: o imenso Gilberto Gil foi registrar sua filha, Preta Gil. Preta não é nome de gente, disse o homem do cartório. Pode Bianca, pode Clara, pode Branca, e Preta não pode? respondeu o pai indignado. O cartorário só aceitaria o Preta se Gil aceitasse colocar um Maria junto, pra "humanizar" o nome. Gil não teve escolha.

Passam os dias, as violências não. Cada dia um Amarildo desaparecido, um Cláudia arrastada, uma Marielle assassinada. Cada dia com o seu Carrefour. Cada dia um Cabula, uma Candelária, um Jacarezinho, um Paraisópolis. E um presidente torturador e aspirante a Hitler que mede negros em arrobas. Como disse o grande Luiz Antonio Simas, o Brasil precisa dar errado urgentemente. O Brasil como projeto deu certo, porque "foi projetado pelos homens do poder para ser excludente, racista, machista, homofóbico, concentrador de renda, inimigo da educação, violento, assassino de sua gente, intolerante, boçal, misógino, castrador, famélico e grosseiro." O Brasil da Casa Grande tem que acabar.

Mas o mal deve ser atacado na raiz. Voltemos no início. Cada distinto liberal, muito humanista e muito cristão, traz em si um fascista. E por trás da escravidão, do racismo, do colonialismo e do fascismo há o capitalismo. E, repetindo, "No fim do capitalismo, desejoso de sobreviver, há Hitler".

- editoraletramento
- editoraletramento.com.br
- editoraletramento
- company/grupoeditorialletramento
- grupoletramento
- contato@editoraletramento.com.br

- editoracasadodireito.com
- casadodireitoed
- casadodireito